Einmachen

Margrit Bühler • Anna Spreng

Einmachen

Obst, Gemüse, Kräuter – schonend und natürlich haltbar machen

Mit tollen Rezepten für das Kochen mit Vorräten

MIDENA

Die Deutsche Bibliothek – CIP-Einheitsaufnahme

Bühler, Margrit:
Einmachen: Obst, Gemüse, Kräuter – schonend und natürlich haltbar machen; mit tollen Rezepten für das Kochen mit Vorräten / Margrit Bühler/Anna Spreng. – Augsburg: Midena, 1998
ISBN 3-310-00486-4

Gedruckt auf elementar chlorfrei gebleichtem Papier

Midena Verlag, Augsburg

Lektorat: Léonie Haefeli-Schmid
Umschlaggestaltung: Atelier Bachmann, München
Umschlagbild: Bild oben: Hans Reinhard, Heiligkreuzsteinach;
Bild unten: Eising/Stockfood, München;
Einklinker: Studio Elmar Kohn, Landshut
Layout: tiff.any GmbH, Berlin
Fotos: Anna Spreng (22, 27, 29, 70, 88, 89); Atelier Lightning, Kölliken (26, 44, 90, 100, 121); Ernst Fretz (96); übrige Fotos Evelyn und Hans-Peter König, Zürich
Satz und Lithos: tiff.any GmbH, Berlin
Gesetzt aus: Novarese
Druck und Bindung: Offizin Andersen Nexö – ein Betrieb der INTERDRUCK
Graphischer Großbetrieb GmbH

Printed in Germany

ISBN 3-310-00486-4

Inhaltsverzeichnis

Einführung 8

Heißeinfüllen 11

Geeignete Gläser 12
Dampfentsafter 13
Konfitüre 13
Konfitüre – Grundrezept 15
Schnelle Konfitüre 16
Kürbis-Orangen-Konfitüre 16
Rhabarber-Erdbeer-Konfitüre 17
Erdbeer-Zitronen-Konfitüre 17
Preiselbeerkonfitüre mit Äpfeln 18
Chutney aus Wildbeeren 18
Konfitüre aus Zitrusfrüchten 19
Obstkompott 20
Beerenkompott 22
Fruchtsaft 23
Blüten- und Kräutersirup 24
Fruchtsirup 24
Gelee 25
Tomaten einmachen 25
Tomaten-Chutney 26
Die Vorteile des Heißeinfüllens 27
Übersicht Obst und Beeren 28
Lagerung 27
Übersicht Blüten und Kräuter 29

Sterilisieren 31

Geeignete Gläser 31
Gemüse 33
Pilze 33
Früchte und Beeren 35
Lagerung 38
Die Vorteile des Sterilisierens 39
Apfelmus 39
Karamelbirnen 40
Tomaten nature 41
Ratatouille 41
Übersicht Gemüse 42
Übersicht Früchte 43

Essigsauer und süßsauer einmachen 45

Notwendige Gefäße und Geräte 45
Essigsauer einmachen – das Heißeinfüllen 46
Essigsauer einmachen – das Sterilisieren 46
Cornichons/Einlegegurken 47
Kürbis-Mus 47
Essigsaurer Gemüsepaprika 48
Rote-Bete-Salat 49
Süßsauer einmachen – das Heißeinfüllen 49
Scharfe Senfgurken 50
Süßsaurer Kürbis 50
Süßsaure Birnen 51
Pikante süßsaure Äpfel 51
Curry-Zucchini 52
Essig herstellen 54
Himbeeressig 54
Wildbeeressig 54
Übersicht Früchte und Gemüse 55

Milchsäuregärung 57

Notwendige Gefäße und Geräte 57
Möhren/Karotten, Knollensellerie, Rettich 58
Rot- und Weißkohl 59
Mischgemüse 60

Rote Beten/Randen 62
Cornichons oder Einlegegurken 62
Rhabarberkompott 62
Grüne Bohnen 63
Lagerung 64
Sauerkraut – was wurde falsch gemacht? 65
Die Vorteile der Milchsäuregärung 65

Trocknen – Dörren 67
Geräte zum Trocknen und Dörren 67
Tee- und Gewürzkräuter trocknen 67
Kräutersalz 67
Erfrischungstee 70
Beruhigungs- oder Schlaftee 70
Magentee 71
Hustentee 71
Kreislauftee 71
Gurgelwasser 71
Fußbad 71
Pilze trocknen 71
Gemüse trocknen und dörren 72
Nüsse trocknen 73
Früchte trocknen und dörren 73
Lagerung 76
Dörrobst zum Kochen vorbereiten 76
Dörrobstsauce 77
Übersicht Früchte, Kräuter und Gemüse 78

Darren 81
Geräte zum Darren 81
Getreide darren 82
Lagerung von frischem Getreide 83
Gedarrtes Getreide kochen 83

In Öl einlegen 85
Gartenfrische Kräuter einlegen 85
Basilikumpaste 85
Champignons in Öl 86
Gewürzöl für Salate 87
Kräuteröl für die äußerliche Anwendung 88
Fünf-Kräuter-Öl 89

Frischlagerung: Vorräte überwintern 91
Keller 92
Erdgrube 94
Isolierkiste 95
Estrich/Dachboden 96
Übersicht Gemüse 98
Übersicht Obst 99
Übersicht Trockenprodukte 99

Tiefkühlen 101
Geräte 101
Verpackungen 102
Lagerung 103
Tiefkühlprodukte auftauen 104
Kräuterbutter 104

Die geeignetste Einmachart 105
Übersicht Gemüse 105
Übersicht Obst/Beeren/Blüten 107

Industriell konservieren 108

Rezepte 114
Blattsalat mit gefüllten Rote-Bete-Rosetten 114
Tomaten-Gersten-Linsen-Eintopf 115
Saure Rotkohlsuppe mit Bohnen 115
Sauerkrautrösti 116
Sauerkraut-Getreide-Salat . . 116
Fenchel auf Blattsalat 117
Dörrzwetschgen in Rotwein . . 118
Dinkelsalat 118
Gemüsemousse auf Vollkornbrot 119
Sauerkrautkuchen 120
Sauerkrautcremesuppe 121
Szegediner Gulasch 121
Früchtebrot 122
Schneller Blechkuchen 123
Dörrobstkuchen 124
Aprikosencreme 124

Register 126

Die Rezepte auf den Seiten 114 bis 125 sind für 4 Personen berechnet.

Abkürzungen

EL = Eßlöffel
TL = Teelöffel
Msp = Messerspitze
kg = Kilogramm
g = Gramm
ml = Milliliter
l = Liter

Einführung

Wann haben Sie zum letzten Mal Konfitüre/Marmelade eingekocht? Wissen Sie, wie milchsauer eingemachte rote Beten/Randen schmecken? Haben Sie schon einmal Holunderblüten gesammelt und daraus Sirup hergestellt? Wenn nicht, laden wir Sie ein, mit diesem Buch die verschiedenen Konservierungsarten kennen und anwenden zu lernen.
Für Leute mit Praxis ist es ein nützliches Nachschlagewerk. Das Haltbarmachen von Nahrungsmitteln ist einfacher als allgemein angenommen wird. Die vielen Tips und Tabellen erleichtern den Einstieg, eine gute Voraussetzung für erfolgreiches Arbeiten und Gelingen.

Weshalb kehrt der moderne Mensch wieder vermehrt zu den alten Konservierungsarten zurück, wo doch zu jeder Jahreszeit beinahe alle Gemüse- und Obstsorten erhältlich sind? Im Vordergrund steht bestimmt die Gesundheit. Es ist ein gutes und beruhigendes Gefühl, Mahlzeiten auf den Tisch zu bringen, welche den Bedürfnissen einer modernen und vitalstoffreichen Ernährung entsprechen. Bei industriell verarbeiteten Nahrungsmitteln hat man diese Gewißheit leider nicht. Die verschiedenen industriellen Konservierungsverfahren und die Zusatzstoffe sorgen für eine breite Verunsicherung und Verwirrung.
Da selbst Fachleute die gesundheitlichen Risiken unterschiedlich beurteilen, ist es in jedem Fall ratsam, so oft wie nur möglich frische Saisonprodukte (Obst, Beeren, Gemüse, Kräuter usw.) einzukaufen.

Oberster Grundsatz soll sein, möglichst viele Lebensmittel aus biologischem Anbau frisch zu konsumieren. Das Einmachen, wie es in diesem Buch empfohlen wird, dient vor allem dazu, einen den persönlichen Bedürfnissen angepaßten, sinnvollen Vorrat anzulegen für die Zeit, wenn die Vegetation Pause macht. Eingelagert und haltbar gemacht werden Saisonprodukte und Überschüsse aus Garten und Feld.

Wenn wir die verschiedenen natürlichen Konservierungsarten bewerten, dann steht das Einmachen von Gemüse durch Milchsäuregärung an erster Stelle. Die Milchsäuregärung eignet sich nicht nur für Kohl, sondern auch für zahlreiche einheimische Gemüse. Diese Konservierungsart hat den großen Vorteil, daß das Gemüse (einzige Ausnahme sind die Bohnen) roh eingemacht wird und vor dem Verzehr nicht gekocht werden muß. Der Veredlungsprozeß läuft ständig weiter. Diese veredelte Rohkost verdient den Namen »Gesundkost«. Menschen mit Allergien und Verdauungsproblemen, aber auch Gesunden ist sie sehr zu empfehlen.

Zweck jeder Konservierung ist, die natürlichen biochemischen Prozesse zu verlangsamen (Keller/Erdgrube usw.) oder zu verhindern (z.B. beim Heißeinfüllen). Das Erhitzen von Lebensmitteln hat immer seinen Preis: Vitamin- und in beschränktem Maß auch Farb- und Aromaverluste sind unumgänglich. Beim Trocknen gehen ebenfalls Vitamine verloren. Trotz dieser Verluste sind aber an der Pflanze ausgereifte eingemachte Erdbeeren aus einheimischer Produktion immer noch gehaltvoller und gesünder als frisch eingeflogene Beeren, die keinen natürlichen Reifeprozeß durchgemacht haben.

Das vorliegende Buch ist praxisnah und anwenderfreundlich. Aus den verschiedenen Tabellen ist auf einen Blick ersichtlich, was in den Schritt-für-Schritt-Anleitungen ausführlich beschrieben worden ist, ergänzt mit Angaben zur Saison. Die Gesamtübersicht der Gemüse- und Fruchtsorten erlaubt eine rasche Orientierung, welche Konservierungsart für welches Frischprodukt ideal ist. Darin nicht enthalten sind die Kräuter, die unter »Darren/trocknen« und »In Öl einlegen« aufgelistet sind.

Viel Vergnügen beim Haltbarmachen gesunder Saisonprodukte.

Margrit Bühler und Anna Spreng

Heißeinfüllen

Der Sammelbegriff »Heißeinfüllen« steht für das Haltbarmachen von Konfitüre, Gelee, Kompott und Saft. Wie der Name sagt, wird das Kochgut heiß in Gläser und Flaschen gefüllt und sofort luftdicht verschlossen. Diese Konservierungsart eignet sich für viele Obstsorten und viele Beeren wie auch für Tomaten, jedoch nicht für Gemüse.

Zur Haltbarkeit trägt einesteils das Süßmittel (Kristallzucker, Birnendicksaft, Honig), je nach Produkt auch ein Geliermittel, und hauptsächlich das durch das Heißeinfüllen und anschließende Abkühlen entstehende Vakuum bei, welches die sauerstoffabhängigen Bakterien zerstört.

Das Heißeinfüllen hat viele Vorteile. Es lohnt sich schon, kleine Fruchtmengen haltbar zu machen, und sei es nur ein Glas. Mit dieser Konservierungsmethode kann die Garzeit sehr kurz gehalten werden, da das Garstadium jederzeit kontrolliert werden kann. Dank kurzer Garzeit bleibt das Aroma optimal erhalten, das Einmachgut verfärbt sich nur unbedeutend, und die wichtigen Inhaltsstoffe können geschont werden.

Egal für welches Süßmittel man sich entscheidet, die Zubereitung bleibt sich gleich. Es gilt aber auszuprobieren, ob man ein eher dominantes Süßmittel (Birnendicksaft, gewisse Honigsorten) oder ein neutrales Süßmittel (Kristallzucker, geschmacksneutralen Honig) bevorzugt.

Wenn sich nach einer großen Erdbeerernte ein Glas mit köstlicher Konfitüre an das andere reiht, im Frühjahr der Duft des Holunderblütensirups die Küche erfüllt, darf man mit Befriedigung auf einige arbeitsintensive Stunden zurückblicken. Gerade das verführerische, volle Aroma selbstgemachter Konfitüre und Gelees sowie von selbstgemachtem Sirup ist Grund genug, es selbst zu versuchen und zum Kochlöffel zu greifen.

Geeignete Gläser und Flaschen

- Flasche mit gut schließendem Bügelverschluß oder Gummizapfen; Bierflasche mit Bügelverschluß eignet sich sehr gut, ebenfalls Flasche mit Drehverschluß.

- Einmachglas mit unbeschädigtem Gummiring, Deckel und Klammer.

- Glas mit Schraubdeckel. Der Deckel darf keine Rostflecken (Oxidation) haben. Rost ist ein Vitamin-C-Killer!

Was zu beachten ist

- Glas, Deckel, Gummizapfen und Gummiringe müssen vor jedem Gebrauch in kochendem Wasser »ausgekocht« werden.

- Glas mit Drehverschluß auf Dichtigkeit überprüfen, indem man es mit Wasser füllt, den Deckel aufschraubt und das Glas auf den Kopf stellt. Wenn keine Flüssigkeit austritt, ist der Deckel in Ordnung.

- Gläser und Flaschen nach Gebrauch offen trocknen lassen und die Deckel ohne Gummiringe lose aufsetzen. Die Gummiringe werden rasch brüchig, wenn sie dauernd angespannt sind. Zudem können sich Schimmelpilze bilden, welche das Einmachgut beeinträchtigen.

- Schraubdeckel schonend waschen. Schon kleine Kratzer können rosten. Auch diese Deckel nicht fest zuschrauben.

- Gummizapfen nicht auf die Flaschen setzen, sondern (sauber und trocken) separat aufbewahren.

TIP

Schraubdeckel für Einmachgläser bei Verwandten und Bekannten sammeln. Bestimmt ist man einmal froh über diese Ersatzteile...
Haushaltfachgeschäfte und Imkereibedarfläden haben Schraubdeckel im Sortiment.

Dampfentsafter

Wer regelmäßig viel Obst und Beeren verarbeitet, kauft mit Vorteil einen Dampfentsafter. Der gewonnene Saft kann zu Sirup und Gelee eingekocht oder auch ohne weiteren Zusatz abgefüllt und luftdicht verschlossen aufbewahrt werden.

Konfitüre

Gut reife Früchte verarbeiten. Sie ergeben eine sehr aromatische Konfitüre, und der Kochprozeß ist kürzer als bei unreifen Früchten. Die Rezepte auf Seite 16 ff. zeigen, daß sich auch kleinere Mengen Früchte rasch zu einer feinen Konfitüre verarbeiten lassen.

Früchte vorbereiten

Früchte immer waschen (ausgenommen Himbeeren und Brombeeren). Je nach Größe samt Haut (Melonen schälen) zerkleinern und/oder entsteinen und entkernen. Bei Stein- und Kernobst (Aprikosen, Pflaumen, Quitten usw.) Stielansatz wegschneiden. Johannisbeeren und Doldenfrüchte ablesen. Es sollen keine Stielchen an den Früchten zurückbleiben.

Geliermittel

Bei niedrigem Zuckeranteil, d. h. bei 200–500 g Zucker auf 1 kg Früchte, braucht es ein Bindemittel. Agar-Agar-Pulver, Gelfix und Unigel sind geschmacksneutrale Geliermittel; sie verändern den Eigengeschmack der Früchte nicht. Zudem enthalten sie keine Konservierungsmittel.

Zuckermenge

Es gilt auszuprobieren, bei welcher Mindestmenge Zucker die Konfitüre noch schmeckt. Da es bei kleiner Zuckermenge immer ein Geliermittel braucht, hat das Süßmittel auf die Konsistenz der Konfitüre und auf die Haltbarkeit keinen Einfluß.

Künstliches Süßmittel

Zucker/Honig/Birnendicksaft können durch ein kochfestes künstliches Süßmittel ersetzt werden.

Konfitüre – Grundrezept

1 Genügend großen Kochtopf wählen. Sprudelndes Kochgut bildet Schaum, der rasch aufsteigt.

2 Früchte, Zucker und Geliermittel unter ständigem Rühren mit einem Holzlöffel aufkochen und sprudelnd kochen, bis die Früchte zerfallen sind. Bei Beeren ist dies schon nach 30 bis 60 Sekunden der Fall, Kern- und Steinobst braucht je nach Sorte und Reifegrad 2 bis 8 Minuten. Angaben des Geliermittelherstellers beachten.

Grundrezept

1 kg vorbereitete Früchte

200–500 g Zucker

2 gestrichene EL Agar-Agar-Pulver oder 30 g Unigel oder Gelfix

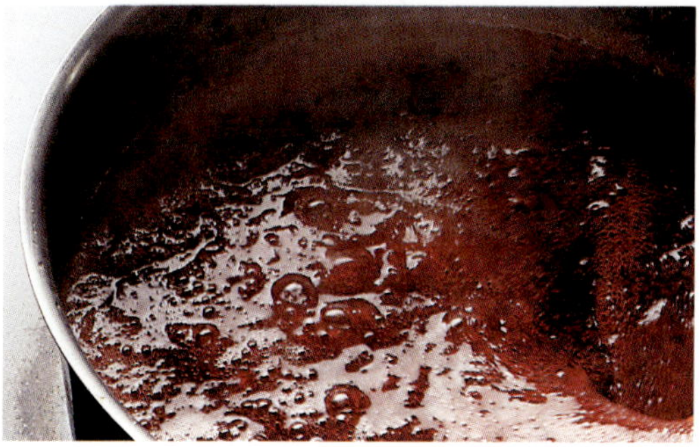

3 Das vorgewärmte Glas zum Füllen auf ein Holzbrett oder ein Küchentuch stellen, keinesfalls auf eine kalte Unterlage, da es bersten könnte. Man kann die Gläser auch in ein Plastikbecken stellen; wenn ein Glas in Brüche geht, hält sich so die Putzarbeit in Grenzen. Die kochende Konfitüre bis 5 mm unter den Rand in das Glas füllen. Sofort schließen.

4 Gläser abkühlen: Geliervorgang während des Abkühlens nicht durch Schütteln des Glases unterbrechen. Gläser erst nach dem Abkalten in den Schrank stellen!

TIP

Maximal 1 kg Früchte auf einmal einkochen, damit die Kochzeit kurz bleibt, zudem bindet das Geliermittel rascher. Wenn die Fruchtmasse schlecht geliert hat, kocht man die Konfitüre am besten mit der gleichen Menge Geliermittel noch einmal auf. Das Einmachgut von Zeit zu Zeit kontrollieren. Geöffnete Gläser im Kühlschrank aufbewahren und möglichst rasch konsumieren.

Schnelle Konfitüre

500 g Beeren, z.B. schwarze Johannisbeeren, Brombeeren usw.

1 EL Unigel (15 g)

250 g Zucker

1. Beeren, Unigel und Zucker unter ständigem Rühren mit einem Holzlöffel aufkochen, 2 bis 3 Minuten sprudelnd kochen.

2. Die heiße Konfitüre in vorgewärmte Gläser füllen und sofort schließen.

Kürbis-Orangen-Konfitüre

1 unbehandelte Orange

1 kg Kürbis

300 ml/3 dl Wasser

2 EL Unigel (30 g)

500–600 g Zucker

1. Die Orange waschen und samt Schale in kleine Stücke schneiden. Den Kürbis schälen, entkernen und in kleine Würfel schneiden.

2. Das Wasser und die Orangenstückchen aufkochen, auf kleinem Feuer 10 Minuten kochen. Die Kürbiswürfelchen dazugeben, 10 bis 15 Minuten auf kleinem Feuer kochen, bis der Kürbis weich ist. Das Geliermittel und den Zucker unterrühren, 2 bis 3 Minuten unter ständigem Rühren mit dem Holzlöffel sprudelnd kochen.

3. Die heiße Konfitüre in vorgewärmte Gläser füllen und sofort schließen.

VARIANTE

Wenn die Kürbis-Orangen-Konfitüre ohne Geliermittel gekocht wird, kann das Fruchtmus auch als Sauce zu Eiscreme oder zu Getreideköpfchen serviert werden.

Rhabarber-Erdbeer-Konfitüre

- 400 g Rhabarber
- 200 g Erdbeeren
- ¼ Vanilleschote
- 1 EL Unigel (15 g)
- 300 g Zucker

1 Den Rhabarber putzen und in kleine Stücke schneiden. Die Erdbeeren je nach Größe zerkleinern. Die Vanilleschote längs aufschneiden und das Mark auskratzen.

2 Sämtliche Zutaten aufkochen und unter Rühren mit dem Holzlöffel 2 bis 3 Minuten sprudelnd kochen.

3 Die heiße Konfitüre in vorgewärmte Gläser füllen und sofort schließen.

Erdbeer-Zitronen-Konfitüre

- 600 g Erdbeeren
- 1–2 unbehandelte Zitronen
- 1 EL Unigel (15 g)
- 300 g Zucker

1 Die Zitronen waschen und mit dem Sparschäler dünn abschälen, die Schalenstücke in Streifchen schneiden.

2 Die Zitronen großzügig schälen, auch die weißen Häutchen entfernen. Das Fruchtfleisch in kleine Würfel schneiden.

3 Sämtliche Zutaten aufkochen und unter Rühren mit dem Holzlöffel 2 bis 3 Minuten sprudelnd kochen.

4 Die heiße Konfitüre in vorgewärmte Gläser füllen und sofort schließen.

Preiselbeerkonfitüre mit Äpfeln

1 kg Preiselbeeren
500 g Äpfel
500 g Zucker

1 Die Preiselbeeren und den Zucker vermengen. Über Nacht zugedeckt stehen lassen.

2 Die Äpfel samt Schale fein reiben.

3 Geriebene Äpfel, Preiselbeeren und Zucker unter ständigem Rühren mit dem Holzlöffel aufkochen, 5 bis 10 Minuten sprudelnd kochen.

4 Die heiße Konfitüre in vorgewärmte Gläser füllen und sofort schließen.

Chutney aus Wildbeeren

1 kg Holunder- oder Preiselbeeren
100 g grob gehackte Zwiebeln
wenig frischer Ingwer, gehackt
150 g Vollrohrzucker
10 zerdrückte Senfkörner
1 Sträußchen Thymian
wenig Cayennepfeffer

1 Sämtliche Zutaten aufkochen und auf kleinem Feuer 10 Minuten köcheln. In ein Sieb gießen und den Saft auffangen.

2 Den Saft einkochen lassen. Die übrigen Zutaten wieder beigeben und abermals aufkochen.

3 Das heiße Chutney in vorgewärmte Gläser füllen und sofort schließen.

VARIANTEN

Sanddornbeeren (250 g Zucker), Rhabarber (200 g Zucker), Johannisbeeren (150 g Zucker), Stachelbeeren (200 g Zucker).

Konfitüre aus Zitrusfrüchten

1 Die gewaschenen Früchte samt Schale in Schnitze und diese wiederum in feine Scheiben schneiden. Die Früchte mit dem Wasser übergießen und über Nacht zugedeckt stehen lassen.

2 Am andern Tag die Früchte samt Einweichwasser kochen, bis sie glasig sind. Pürieren.

3 Für 1 kg Fruchtmus 400 g Zucker und 2 Eßlöffel Unigel (30 g) abmessen. Das Ganze unter Rühren mit dem Holzlöffel aufkochen, 1 Minute sprudelnd kochen.

4 Die heiße Konfitüre in vorgewärmte Gläser füllen und sofort schließen.

VARIANTE

Auch eine Mischung aus Orangen und Grapefruits schmeckt ausgezeichnet.

Orangenkonfitüre

1 unbehandelte Orange

1 unbehandelte Zitrone

1 l Wasser

Zucker

Geliermittel

Grapefruitkonfitüre

1 unbehandelte Grapefruit

1 unbehandelte Zitrone

1 l Wasser

Zucker

Geliermittel

Zitronenkonfitüre

2 unbehandelte Zitronen

1 l Wasser

Zucker

Geliermittel

Obstkompott

Bei einem Obstkompott sollen die Früchte weder die Farbe verlieren noch sollen sie zerfallen. Ideal sind Kern- und Steinobst. Die Früchte dürfen reif, aber nicht überreif sein.

Zuckersirup

Für das Heißeinfüllen von Kompott braucht es einen Zuckersirup. Auf 1 Liter Wasser gibt man je nach Säuregehalt der Früchte 100–200 g Süßmittel (Kristallzucker, Birnendicksaft, Honig). Diese Menge reicht für 3 Gläser von einem Liter Inhalt (ca. 350 ml/3,5 dl Zuckersirup pro Glas).

Kompott kochen

1 Kochtopf so wählen, daß die Früchte möglichst gut mit Zuckersirup bedeckt werden können. Nicht zu große Mengen aufs Mal kochen.

2 Den Zuckersirup aufkochen.

3 Die Früchte erst jetzt vorbereiten, damit sie sich nicht braun verfärben. Wenn mehrere Gläser mit der gleichen Frucht gefüllt werden, lohnt es sich, ein Glas zu füllen und den Inhalt zu wägen. Ansonsten mißt man die Früchte mit einem Maßbecher. Die Früchte waschen. Äpfel, Quitten und Birnen schälen, vierteln oder achteln und entkernen. Melonen schälen, achteln, entkernen und in kleine Stücke schneiden. Aprikosen, Pfirsiche, Pflaumen, Zwetschgen halbieren und entsteinen. Stielansatz wegschneiden. Kirschen und Mirabellen samt Stein verwenden.

4 Die Früchte in den heißen Zuckersirup legen. Auf kleiner Stufe vorsichtig garen. Die Kochzeit variiert je nach Größe und Reife der Früchte. Kirschen sind in 1 bis 2 Minuten gar, Birnen brauchen bis 10 Minuten, bis sie weich sind.

5 Die Früchte mit einem Schaumlöffel aus dem Zuckersirup nehmen und in die heißen Gläser füllen. Den Sirup abermals aufkochen und über die Früchte gießen. Die Früchte sollen mit dem Saft gut bedeckt sein. Das Glas kann bis 1 cm unter den Rand gefüllt werden.

6 Gummiring und Deckel auflegen, mit der Klammer schließen oder den Schraubdeckel gut zudrehen.

7 Das Einmachgut an einem zugfreien Ort abkühlen lassen. Nun können die Gläser an einem kühlen, trockenen, dunklen Ort gelagert werden.

TIP

Die noch heißen Gläser mit einer Fettkreide beschriften.

8 Die Gläser nach 2 bis 3 Wochen kontrollieren. Für die Kontrolle muß der Bügel vorsichtig entfernt werden. Deckel mit angehängter Klammer nicht lösen.Den Inhalt undichter Gläser so rasch wie möglich aufbrauchen. Schimmelware keinesfalls essen.

Beerenkompott

Für das Kompott dürfen Erdbeeren, Himbeeren, Brombeeren, rote und schwarze Johannisbeeren, Holunderbeeren, Johannisbeeren, Jostabeeren, Preiselbeeren und Stachelbeeren gut reif sein.

Für 1 kg Früchte braucht es 100–200 g Süßmittel (Kristallzucker, Birnendicksaft oder Honig).

Kompott kochen

1. Die Früchte mit Ausnahme der Himbeeren und Brombeeren waschen. Die Beeren ganz lassen.
2. Die Beeren samt Süßmittel aufkochen.
3. Das Kompott bis 1 cm unter den Rand in die vorgewärmten Flaschen/Gläser füllen.
4. Den Gummiring und den Deckel auf das Glas legen und mit der Klammer schließen oder den Schraubdeckel gut zudrehen.
5. Das Einmachgut an einem zugfreien Ort abkühlen lassen.

Glaskontrolle und Lagerung: Siehe Obstkompott, Seite 21.

Verwendung: Das Beerenkompott eignet sich zur Herstellung von Fruchtmousse und Eiscreme, für Müslis, zu Grießköpfchen usw. Für Eis und Mousse werden die Früchte püriert. Wenn Fruchtschalen und Kerne entfernt werden sollen, streicht man das Kompott durch ein Chromstahlsieb.

Fruchtsaft

Zum Entsaften eignen sich gut reife Früchte und Beeren.

Die Früchte mit Ausnahme der Himbeeren und Brombeeren waschen. Äpfel, Birnen und Quitten samt Schale vierteln, das Kerngehäuse entfernen, die Früchte zerkleinern. Die Holunderbeeren mit der Schere unterhalb der Dolden abschneiden, Johannisbeeren nicht ablesen. Die Beeren mit Ausnahme großer Erdbeeren ganz lassen. Die Kirschen nicht entsteinen.

1 Die Früchte mit wenig Wasser aufkochen. Die Beeren kochen, bis sie platzen, die anderen Früchte weichkochen. Schwarze Johannisbeeren und Jostabeeren lassen sich schwer entsaften, deshalb ein pektinabbauendes Mittel (z. B. Ultrazym) beigeben (erhältlich in Drogerien und Mostereien). Die Maische der Johannisbeeren (aufgekochte Früchte) nicht zu lange herumstehen lassen, da der Saft bitter wird.

2 Große Fruchtmengen entsaften: Man spannt eine Gazewindel oder ein spezielles Safttuch zwischen einen umgedrehten Stuhl. Die Windel an den vier Stuhlbeinen mit Gummi festbinden. Eine genügend große Schüssel unter das Tuch stellen. Wegen der Oxidation verwendet man am besten ein Gefäß aus Chromstahl oder Porzellan. Die gekochten Früchte in das Tuch geben und während mehrerer Stunden ($\frac{1}{2}$ Tag oder während der Nacht) abtropfen lassen.

3 Kleine Fruchtmengen entsaften: Ein feinlöchriges Chromstahlsieb verwenden. Das Fruchtmus in das Sieb gießen und mit einem Löffel aus Chromstahl leicht ausdrücken. Im Handel gibt es auch Abtropfsäcke, welche auf eine Schüssel »gestellt« werden können (siehe Bild Seite 23).

4 Den Fruchtsaft erhitzen, sofort in vorgewärmte Flaschen füllen und schließen.

Glaskontrolle und Lagerung: Siehe Obstkompott, Seite 21.

Blüten- und Kräutersirup

1 l Wasser

100 ml/1 dl Apfelessig oder Saft von 1–2 Zitronen

Blüten oder Blätter gemäß Tabelle, Seite 29

500–600 g Süßmittel (Kristallzucker)

1 Das Wasser und den Essig aufkochen, über die gewaschenen Blüten oder Blätter gießen. 24 Stunden zugedeckt stehen lassen. Abseihen.

2 Die Flüssigkeit mit dem Zucker aufkochen, sofort in vorgewärmte Flaschen füllen und schließen.

Glaskontrolle und Lagerung: Siehe Obstkompott, Seite 21.

Fruchtsirup

1 Fruchtsaft herstellen, Seite 23.

2 Auf 1 Liter Saft kommen 100–400 g Süßmittel (Kristallzucker, geschmacksneutraler Honig usw.).

3 Den Fruchtsaft und das Süßmittel erhitzen, sofort in vorgewärmte Flaschen füllen und schließen.

Glaskontrolle und Lagerung: Siehe Obstkompott, Seite 21.

Gelee

1 Fruchtsaft herstellen, Seite 23.

2 Auf 1 Liter Saft Fruchtsaft kommen 200–500 g Süßmittel (Kristallzucker, geschmacksneutraler Honig) und 2 EL Unigel (30 g). Der Honig kann das Gelieren unter Umständen beeinträchtigen.

3 Gelee kochen: Siehe Konfitüre, Seite 16.

Glaskontrolle und Lagerung: Siehe Obstkompott, Seite 21.

Tomaten einmachen

fleischige, reife, nicht zu große Tomaten

1 Die Tomaten an der Spitze kreuzweise einschneiden In einem Schaumlöffel in kochendes Wasser tauchen, bis sich die Haut zu lösen beginnt. Die Früchte schälen, den Stielansatz entfernen. Nach Belieben zerkleinern.

2 Die Tomaten ohne weitere Zutaten aufkochen, auf kleinem Feuer 5 bis 10 Minuten kochen. Sofort in vorgewärmte Gläser füllen und schließen.

Verwendung: Die Tomaten eignen sich als Pizzabelag, für Saucen, Suppen usw.

Glaskontrolle und Lagerung: Siehe Obstkompott, Seite 21.

TIP

Bei großen Tomatenmengen ist das Schälen mühsam. Deshalb die Tomaten waschen, den Stielansatz entfernen und die Früchte zerkleinern. 5 bis 10 Minuten kochen. Das Tomatenmus durch ein Passetout/Passevite drehen. Abermals aufkochen und in vorgewärmte Gläser füllen.

5 Knoblauchzehen
2 Zwiebeln
5 saure Äpfel
300 g Zucchini
1 kg Tomaten
1 roter Gemüsepaprika/Peperoni
1–2 scharfe Pfefferschoten/Peperoncini
Oregano, Thymian, Rosmarin
Pfeffer aus der Mühle
1 TL Meersalz
1 EL Paprikapulver
100 g Zucker
300 ml/3 dl Rotweinessig
4 EL Geliermittel

TIP

Das Chutney ist auch ein idealer Ketchup-Ersatz.

Tomaten-Chutney

1 Den Knoblauch und die Zwiebeln schälen und hacken. Die Äpfel vierteln, das Kerngehäuse entfernen. Die Zucchini in Scheiben schneiden. Den Stielansatz der Tomaten entfernen, die Früchte zerkleinern. Den Gemüsepaprika vierteln, den Stielansatz und die Kerne entfernen, die Fruchtviertel zerkleinern. Die Pfefferschoten längs halbieren, entkernen und zerkleinern. Die Kräuter grob hacken.

2 Sämtliche Zutaten in einem großen Kochtopf aufkochen, auf kleinem Feuer kochen, bis das Gemüse und die Früchte weich sind. Durch ein Passetout/Passevite drehen.

3 Das Chutney mit dem Geliermittel unter ständigem Rühren mit dem Holzlöffel aufkochen, 1 Minute sprudelnd kochen. Das heiße Chutney in vorgewärmte Gläser füllen und sofort schließen.

Glaskontrolle und Lagerung: Siehe Obstkompott, Seite 21.

Lagerung

Lagerort: Heißeingefüllte Gläser und Flaschen an einem kühlen, dunklen, trockenen Ort aufbewahren.
Kontrolle: Einmachgut regelmäßig auf Dichtigkeit kontrollieren. Aber nicht jede Woche am Deckel rütteln. Blick genügt.
Haltbarkeit: Konfitüren, Sirup, Saft, Kompott, Mus und Gelee können 12 bis 24 Monate gelagert werden.

Die Vorteile des Heißeinfüllens

- kleiner Arbeitsaufwand
- ideal für große wie für kleine Mengen
- das Einmachgut muß vor dem Verzehr nicht mehr gekocht werden
- die Glasgröße ist frei wählbar
- geringer Energieverbrauch
- frei von Konservierungsmitteln
- die Süßmittelmenge kann auf ein absolutes Minimum reduziert werden

Obst und Beeren

	Geeignet	Saison
Äpfel	S/KP	August – Oktober
Aprikosen	K/KP	Juli – August
Birnen	S/KP	August – September
Brombeeren	G/S/K/KP	August – Oktober
Erdbeeren	S/K/KP	Juni – Juli
Heidelbeeren	S/K/KP	Juli – September
Himbeeren	G/S/K/KP	Juni – August
Holunderbeeren	G/S/K/KP	August – September
Johannisbeeren	G/S/K/KP	Juli – August
Jostabeeren	G/S/K/KP	Juli – August
Kirschen	S/K/KP	Juli – August
Melonenwürfel	K/KP	August – September
Mirabellen	K/KP	August – September
Pfirsiche	K/KP	Juli – September
Pflaumen	K/KP	August – September
Preiselbeeren	K/KP	August – Oktober
Quitten	G/S/K/KP	Oktober – November
Rhabarber	K	April – Mai
Sanddorn	G/S/K/KP	Juli – Oktober
Schwarze Johannisbeeren	G/S/K/KP	Juli – August
Stachelbeeren	G/S/K/KP	Juli – August
Trauben	G/S	September – November
Zwetschgen	K/KP	August – Oktober

G = Gelee
S = Saft
K = Konfitüre
KP = Kompott

Blüten und Kräuter

	Saison	Blüten pro Liter Wasser	Hinweise
Holunderblüten	Mai – Juni	4 – 5 Dolden	
Goldmelissenblüten	Juli – September	15 g 5 g	 bei getrockneten Blüten
Rosenblüten	je nach Rosensorte	150 – 200 g	
Pfefferminzblätter	Mai – Oktober	100 g	nach Belieben mit Zitronenmelisse mischen
Zitronenmelissenblätter	Mai – Oktober	250 – 300 g	nach Belieben mit Pfefferminze mischen

Sterilisieren

Der Sommer hat Einzug gehalten. Bereit liegen Kirschen, Himbeeren, Aprikosen, Gurken, Tomaten... Farbenpracht, Düfte, Formen und unterschiedliche Hautstrukturen öffnen Augen und Sinne und schaffen eine neue Beziehung zum Nahrungsmittel! Große und kleine Hände sind damit beschäftigt, Glas um Glas zu füllen. Eine schöne Arbeit für die ganze Familie...

Nicht ganz ohne Stolz holt man dann in der kalten Jahreszeit seine Einmachgläser aus dem Keller. Ein Dessert mit Pfirsichen und Himbeeren ist im Handumdrehen zubereitet. Auch das tägliche Müsli kann mit Beeren bereichert werden. Ein feiner Tomatenrisotto weckt Erinnerungen an den heißen Sommer.

Wir haben uns in diesem Kapitel auf Früchte und Gemüse konzentriert, die sich für diese Einmachmethode besonders gut eignen. Auf das Einmachen von Fleisch und Fisch wurde bewußt verzichtet. An bäuerlichen Hauswirtschaftsschulen gibt es Kurse zum Thema »Fleisch konservieren«.

Der Vorteil des Sterilisierens liegt eindeutig darin, daß das Einmachgut roh oder blanchiert in die Gläser gefüllt werden kann. Konservierungsmittel sind überflüssig. Das Einmachgut ist lange haltbar und behält sein ursprüngliches Aussehen.

Geeignete Gläser

- Sterilisierglas (Einmachglas), auch WECK-Glas genannt, mit unbeschädigtem Gummiring, dazugehörendem Deckel, je nach Fabrikat mit loser Klammer.

- Glas mit Schraubdeckel (nicht geeignet für den Backofen). Der Schraubdeckel darf keine Rostflecken (Oxidation) haben. Rost ist ein Vitamin-C-Killer! Verbeulte Deckel sind meistens nicht mehr dicht (Vorsicht beim Öffnen mit Spezialzangen).

Was zu beachten ist

Siehe »Heißeinfüllen«, Seite 12.

Kochtopf

Ein ganz normaler Kochtopf genügt bereits zum Sterilisieren. Er muß jedoch mindestens so hoch sein wie die Gläser und einen gut schließenden Deckel haben (kein Dampfkochtopf). Auf den Topfboden das Gitter des Dampfkochtopfs oder ein gefaltetes Küchentuch legen, damit die Gläser nicht direkt auf dem Boden stehen und beim Kochen aufeinanderschlagen.

Sterilisierapparat

Wer für eine große Familie Obst und Gemüse sterilisieren will, kauft mit Vorteil einen Automatic-Topf mit Zeituhr und Thermostat. Hier entfällt das Überwachen des Sterilisiervorgangs. Man kann zudem nachts den Niedertarif nutzen. Der Energieverbauch richtet sich nach dem effektiven Bedarf. Der Topf kann auch für das Kochen großer Nahrungsmittelmengen verwendet werden, z. B. für Suppen, Spaghetti, Eintöpfe.

Einfacher Sterilisiertopf

Er ist in der Regel mit einem Thermometer ausgerüstet und hat ein großes Fassungsvermögen (ca. 30 Liter). Kleine Einmachgläser können zum Sterilisieren problemlos aufeinandergestellt werden. Das Wasser muß immer auf $^3/_4$ Höhe der obersten Gläserreihe stehen. Beim Sterilisieren ohne Thermometer muß das Wasser im Topf immer leicht kochen.

Backofen

Die Gläser werden in ein Kuchenblech gestellt. Erst jetzt das Wasser einfüllen. Wichtig: Im Ofen mindestens sechs Litergläser aufs Mal sterilisieren, sonst stimmt das Kleinklima nicht. Keine Gläser mit Blechdeckel verwenden, da Blech vor Glas heiß wird! Die Dichtung kann schmelzen.

Gemüse

Nur gesundes, reifes, zartes Gemüse verwenden. Das Gemüse waschen. Den Fenchel vierteln oder in Längsrichtung in Scheiben schneiden. Vom Stielmangold (Krautstiele) nur die weißen Teile verwenden. Die groben Fasern abziehen, die Stiele auf Glashöhe kürzen. Den Gemüsepaprika/Peperoni halbieren, den Stielansatz und die Kerne entfernen. Die Schotenhälften quer in Streifen schneiden. Die roten Beten/Randen schälen und würfeln. Den Rotkohl/Rotkabis vierteln und den Strunk entfernen. Quer in 5 mm breite Streifen schneiden oder hobeln. Den Spargel großzügig schälen, auf Glashöhe kürzen. Mit dem Köpfchen nach oben in die Gläser stellen. Zu kurze Spargelstangen in kleinere Gläser füllen. Fleischige, nicht zu große Tomaten an der Spitze kreuzweise einschneiden. In einem Schaumlöffel in kochendes Wasser tauchen, bis sich die Haut zu lösen beginnt. Die Früchte schälen, den Stielansatz kreisförmig herausschneiden. Kleine Tomaten ganz lassen, größere halbieren oder in Scheiben schneiden. Topinambur schälen. Zucchini beidseitig kappen, in Stücke schneiden. Zuckermais (Kolben) blanchieren, die Körner mit einem scharfen Messer vom Kolben schneiden.

Pilze

Frische, gesunde Pilze verwenden. Die Pilze trocken putzen. Große Pilze in etwa 1 cm dicke Streifen schneiden oder halbieren.

Einfüllen 1. Art

geeignet für Zucchini und Tomaten

1 1 Eßlöffel Meersalz in einem Liter Wasser auflösen.

2 Das Gemüse bis 3 cm unter den Rand satt in das Einmachglas füllen, mit dem Salzwasser decken.

Einfüllen 2. Art

für alle Gemüse geeignet, mit Ausnahme von Zucchini und Tomaten

1 Das Gemüse 2 bis 3 Minuten im Salzwasser (1 Eßlöffel Meersalz auf 1 Liter Wasser) blanchieren, in ein Sieb abgießen. Durch das Blanchieren wird das Gemüse »gefügiger« und kann leichter in die Gläser gefüllt werden.

2 Das Gemüse bis 3 cm unter den Rand in das Glas füllen, mit dem Salzwasser decken.

Abweichungen: Siehe Gemüsetabelle, Seite 42.

TIP

Wenn das Gemüse später für Salat verwendet wird, kann man dem Aufguß Essig beigeben, etwa 300 ml/3 dl Essig je Liter Salzwasser.

Früchte und Beeren

Nur gesunde, reife Früchte verwenden. Die Früchte mit Ausnahme von Himbeeren und Brombeeren waschen. Die Äpfel und die Birnen schälen, halbieren oder vierteln und entkernen. Die Aprikosen und die Pfirsiche halbieren, entsteinen, den Stielansatz wegschneiden. Größere Früchte vierteln. Melonen halbieren, entkernen, schälen und würfeln. Brombeeren, Erdbeeren, Heidelbeeren, Himbeeren Johannisbeeren, Jostabeeren, Monatserdbeeren und Stachelbeeren ganz lassen. Kirschen und Mirabellen mit oder ohne Stein verwenden. Pflaumen und Zwetschgen halbieren und entsteinen, den Stielansatz wegschneiden.

Einfüllen 1. Art

für ein 1-Liter-Glas

1 Die Früchte bis auf 4/5 Glashöhe einfüllen.

2 50 bis 100 g Zucker trocken (Zucker nicht im Wasser auflösen) einstreuen. Bis zum Rand mit den Früchten füllen.

Einfüllen 2. Art

Geeignet für Äpfel, Birnen, Aprikosen, Pfirsiche und Melonen

1. Die Früchte bis 3 cm unter den Rand in das Glas füllen.

2. Mit Apfelsaft, Birnendicksaftwasser oder Zuckerwasser auffüllen. Die Früchte sollen mit der Flüssigkeit gut bedeckt sein.

Süßmittel

Die Menge richtet sich nach dem persönlichen Geschmack und nach der Fruchtsorte. Für das Sterilisieren ist der Zucker nicht zwingend. Gut ausgereifte, süße Früchte können problemlos ohne Zucker sterilisiert werden. Der Zucker hat aber insofern eine Funktion, als er die Farbe der Früchte »konserviert«. Wenn man mit einem Süßmittel sterilisiert, erübrigt sich das Nachzuckern am Tisch.

Fruchtfarbe

Gewisse Früchte wie Erdbeeren verändern durch das Sterilisieren ihre Farbe. Die Erdbeeren sind deswegen keinesfalls verdorben. Je mehr Zucker man beigibt, desto intensiver wird die Farbe.

Gläser verschließen

1. Den Rand der gefüllten Gläser mit einem trockenen Tuch sauber abwischen.

2. Den Deckel und den Gummiring vor dem Gebrauch auskochen, eventuell etwas Essig ins Wasser geben, das verhindert Kalkbildung.

3. Den Ring und den Deckel sorgfältig aufsetzen. Mit dem Bügel schließen oder die Klammer anbringen. Schraubdeckel gut zudrehen.

Sterilisieren im Kochtopf

Ein Gitter oder ein gefaltetes Küchentuch auf den Topfboden legen. Die Gläser daraufstellen. Den Topf bis auf $^{3}/_{4}$ Glashöhe mit kaltem Wasser füllen. Den Deckel aufsetzen. Auf höchster Stufe aufkochen. Sobald das Wasser den Siedepunkt von zirka 95–100 Grad erreicht hat, auf kleinere Stufe zurückschalten; das Wasser muß konstant leicht kochen. Sterilisierzeit: siehe Tabellen, Seiten 42 und 43.
Die Temperatur kann mit dem Thermometer gemessen oder durch Beobachten festgestellt werden. Wenn im Einmachglas kleine Bläschen aufsteigen, kocht der Glasinhalt.

Sterilisieren im Backofen

Mindestens 6 Gläser von je einem Liter Inhalt in das Kuchenblech stellen. Das Wasser einfüllen. Nur mit Unterhitze oder eventuell mit Umluft sterilisieren. Den Ofen während des Sterilisierens nicht öffnen.
Sterilisierzeit: siehe Gebrauchsanweisung zum Backofen.

Sterilisiertopf

Gemäß Gebrauchsanweisung bedienen.

WICHTIG

Alle Gemüsesorten mit Ausnahme der Tomaten und Zucchini müssen 2 Mal sterilisiert werden, damit die sauerstoffunabhängigen (anaeroben) Bakterien hundertprozentig vernichtet werden. Anaerobe Bakterien begünstigen das Wachstum giftiger Pilze.

Gläser abkühlen

Wenn zwei- oder dreischichtig sterilisiert worden ist, sollten die Gläser nach Ende der Sterilisierzeit aus dem Topf genommen werden, weil unter Umständen beim Abkühlen Wasser in die unteren Gläser gesogen werden kann (verhindert das Vakuumieren). Heiße Gläser auf ein Küchentuch stellen. Wenn nur einschichtig sterilisiert worden ist, kann man die Gläser im Topf erkalten lassen (Ausnahme: Gurken und Cornichons, da sie zu weich werden).

Vakuumprobe

- Bei Gläsern mit Klammer diese erst nach dem vollständigen Erkalten vorsichtig lösen. Wenn der Deckel hält, ist alles in Ordnung.
- Bei Deckeln mit angehängter Klammer ist das Lösen nicht zu empfehlen.
- Beim Weckglas neigt sich die Lasche des Gummirings nach unten.
- Undichte Gläser rasch aufbrauchen.

Lagerung

Lagerort: Die Einmachgläser an einem dunklen, kühlen, trockenen Ort lagern.
Kontrolle: Die Gläser regelmäßig kontrollieren. Auch nach abgelaufener Lagerdauer das Eingemachte nicht ohne Kontrolle wegwerfen. Es kann bei intaktem Vakuum noch gegessen werden. Von Schimmel befallene Ware muß weggeworfen werden. Bei Gemüse ist die Vergiftungsgefahr groß.

Haltbarkeit: Früchte bis 2 Jahre, Gemüse bis $1\frac{1}{2}$ Jahre. Geöffnete Gläser: Die Früchte sind im Kühlschrank bis 1 Woche haltbar. Mais und Hülsenfrüchte (Bohnen, Erbsen, Zuckererbsen/Kefen) müssen sofort verzehrt werden, deshalb eher kleine Einmachgläser wählen.

Die Vorteile des Sterilisierens

- frei von chemisch-synthetischen Konservierungsmitteln
- lange Haltbarkeit
- das Eingemachte kann mit Ausnahme der Hülsenfrüchte ohne zu kochen gegessen werden
- kleine Anschaffungskosten
- die Früchte und das Gemüse behalten ihr ursprüngliches Aussehen
- bei den meisten Früchten ist eine Wasserzugabe überflüssig

Apfelmus

Äpfel

Birnendicksaft

1. Den Stiel und die Fliege entfernen. Die Früchte halbieren.
2. Die Apfelhälften mit wenig Wasser 1 bis 2 Minuten im Dampfkochtopf kochen. Oder die Äpfel in einem gewöhnlichen Kochtopf kochen, bis sie zerfallen sind.
3. Das Kochgut noch heiß durch das Passetout/Passevite drehen. Schalen und Kerngehäuse bleiben im Sieb zurück. Nach Belieben süßen.
4. Das Apfelmus in Einmachgläser füllen. Sterilisierzeit je nach Glasgröße 20 bis 25 Minuten.

60 g Zucker
400 ml/4 dl heißes Wasser
750 g reife Birnen

TIP
Anstelle der Birnen festkochende Äpfel nehmen.

Karamelbirnen – das schnelle Dessert

für ein 1-Liter-Glas

1. Den Zucker in einer hitzebeständigen Pfanne (keine Teflonpfanne) karamelisieren. Mit dem Wasser ablöschen. Den Karamelsaft aufkochen.
2. Die Birnen schälen, halbieren oder vierteln und entkernen.
3. Die Birnen in das Glas füllen. Mit dem Karamelsaft ganz bedecken.
4. Sterilisieren: Je nach Reifegrad der Birnen 30 bis 40 Minuten.

VARIANTE »HEISSEINFÜLLEN«
Die Birnen 3 Minuten im Karamelsaft köcheln. Garvorgang überwachen, denn sehr reife Birnen verkochen rasch zu Mus. Die Karamelbirnen in das vorgewärmte Glas füllen. Sofort schließen.

Tomaten nature

1 Die Tomaten nach Belieben schälen, siehe Seite 25. Den Stielansatz kreisförmig herausschneiden. Die Früchte in Scheiben schneiden.

2 Die Gläser randvoll füllen und schließen.

3 Sterilisierzeit: 20 bis 30 Minuten.

TIP

Die Tomaten eignen sich als Pizzabelag, für Saucen und Suppen. Die Flüssigkeit als Jus trinken.

Ratatouille

- **kleine Zucchini**
- **grüner, roter und gelber Gemüsepaprika/Peperoni**
- **fleischige Tomaten**
- **Zwiebeln**
- **Knoblauch**
- **Gartenkräuter**
- **Meersalz**

1 Die Zucchini beidseitig kappen, in Scheiben schneiden. Den Gemüsepaprika halbieren, entkernen und den Stielansatz entfernen. Die Schoten in Würfel oder Streifen schneiden. Die Tomaten nach Belieben schälen, siehe Seite 25. Den Stielansatz kreisförmig herausschneiden. Die Früchte würfeln. Die Zwiebeln und den Knoblauch schälen und fein hacken. Die Gartenkräuter fein hacken.

2 Sämtliches Gemüse zusammen mit den Kräutern ohne Fett/Öl in einem Kochtopf dämpfen, bis das Gemüse zusammengefallen ist und sich wenig Saft gebildet hat. Nicht weichkochen. Mit Meersalz würzen.

3 Die Ratatouille bis 1 cm unter den Rand in die Gläser füllen. Den Rand putzen und die Gläser schließen. Sterilisierzeit: 45 bis 60 Minuten, je nach Glasgröße.

Gemüse sterilisieren

	Sterilisierzeit	Zugabe von	Saison
Bohnen	2x60 Minuten*	Salzwasser	Juli – Oktober
Cornichons/ Einlegegurken	15 Minuten	Essigwasser	Juli – Oktober
Erbsen	2x60 Minuten*	Salzwasser	Juni – Juli
Fenchel	60 Minuten	Salzwasser und wenig Essig	Juli – November
Gemüsepaprika/ Peperoni	60 Minuten	Salzwasser	August – Oktober
Gemüsesaft	60 Minuten	wenig Salz	
Pilze	2x60 Minuten	Salzwasser	unterschiedlich
Rote Bete/ Rande	30 Minuten	Salzwasser	Juli – Oktober
Rotkraut/ Rotkabis	60 Minuten	Salzwasser, Gewürze und Essig	Juli – Oktober
Spargel	2x80 Minuten	Salzwasser	April – Juni
Stielmangold/ Krautstiele	60 Minuten	Salzwasser	Juni – Oktober
Tomaten	30 Minuten	frische Kräuter	August – Oktober
Topinambur	2x60 Minuten	Salzwasser	Oktober – März
Zucchini	60 Minuten	Salzwasser und wenig Wasser	Juli – Oktober
Zuckererbsen/ Kefen	2x60 Minuten*	Salzwasser und wenig Essig	Juli – September
Zuckermais	2x60 Minuten	Salzwasser	Juli – Oktober

* Die eingemachten Hülsenfrüchte vor dem Verzehr kurz aufkochen. Für Salate wieder abkühlen lassen.

Die Sterilisierzeit wird ab dem Zeitpunkt gemessen, wenn das Sterilisierwasser die Temperatur von 100 Grad erreicht hat. Im Backofen muß man sich auf die Genauigkeit des Thermostaten verlassen können. Backofentüre keinesfalls öffnen.

TIP

Wird das Gemüse später für Salate verwendet, kann man dem Aufguß Essig (300 ml/3 dl auf 1 Liter Salzwasser) sowie Gewürze (Zwiebeln, Kräuter) beigeben.

Früchte sterilisieren

	Sterilisierzeit	Saison
Äpfel*	30 – 40 Minuten	August – November
Aprikosen	20 – 30 Minuten	Juli – August
Birnen*	30 – 40 Minuten	August – September
Brombeeren	15 – 20 Minuten	August – Oktober
Erdbeeren	15 – 20 Minuten	Juni – Juli
Heidelbeeren	15 – 20 Minuten	Juli – September
Himbeeren	15 – 20 Minuten	Juni – August
Johannisbeeren	15 – 20 Minuten	Juli – August
Jostabeeren	15 – 20 Minuten	Juli – August
Kirschen	20 – 30 Minuten	Juli – August
Melonenwürfel*	30 – 40 Minuten	August – September
Mirabellen	20 – 30 Minuten	August – September
Monatserdbeeren	15 – 20 Minuten	Juni – Oktober
Pfirsiche*	20 – 30 Minuten	Juli – September
Pflaumen	20 – 30 Minuten	August – September
Stachelbeeren	15 – 20 Minuten	Juli – August
Zwetschgen	20 – 30 Minuten	August – Oktober

* Soviel Apfelsaft, Birnendicksaftwasser oder Zuckerwasser ins Glas füllen, daß die Früchte gut bedeckt sind. Siehe auch »Gläser füllen«, Seiten 35 und 36.

Die Sterilisierzeit wird ab dem Zeitpunkt gemessen, wenn das Sterilisierwasser die Temperatur von 100 Grad erreicht hat (Thermometer) und im Einmachglas kleine Bläschen aufsteigen (beobachten). Im Backofen muß man sich auf die Genauigkeit des Thermostaten verlassen können. Die Backofentüre keinesfalls öffnen.

Koriander

Essigsauer und süßsauer einmachen

Früchte und Gemüse werden seit dem Mittelalter essigsauer und süßsauer eingemacht. Süßsauer Eingemachtes eignet sich vor allem als Beilage zu Fleisch und Käse, Essigsaures wird gerne für Salate verwendet.

Die Technik entspricht dem Heißeinfüllen und dem Sterilisieren.

Notwendige Gefäße und Geräte

- weithalsige Flasche mit luftdicht schließendem Deckel.

- Einmachglas (Sterilisierglas) mit unbeschädigtem Gummiring und dazugehörendem Deckel und Bügel.

- Glas mit Schraubdeckel. Der Deckel darf keine Rostflecken (Oxidation) haben. Rost ist ein Vitamin-C-Killer.

Was zu beachten ist

Siehe »Heißeinfüllen«, Seite 12.

Essigsauer einmachen

Gesundes, reifes Gemüse verwenden. Das Gemüse waschen. Rote Beten/Randen, Möhren/Karotten, Kohlrabi und Sellerie schälen. Kürbis schälen und entkernen. Gemüsepaprika/Peperoni halbieren, Stielansatz und Kerne entfernen. Cornichons ganz lassen. Blumenkohl in Röschen zerlegen. Weitere Angaben finden Sie in der Tabelle, Seite 55.

Heißeinfüllen

Wasser und Obst- oder Weinessig zu gleichen Teilen

Kräuter

Zwiebeln

Knoblauch

Senf- und Pfefferkörner

Kräuterzweige (Dill, Estragon, Rosmarin) mit kaltem Wasser überbrausen. Blättchen respektive Nadeln ablesen/abstreifen oder mit der Schere kleine Zweige abschneiden. Zwiebeln schälen und in feine Scheiben schneiden. Knoblauchzehen schälen.

1 Gemüse (siehe Tabelle, Seite 55), Kräuter, Zwiebeln, Knoblauch, Senf- und Pfefferkörner 2 bis 3 Minuten im Essigwasser auf höchster Stufe kochen.

2 Das Kochgut in das vorgewärmte Glas füllen. Mit dem heißen Essigwasser bis 1 cm unter den Rand auffüllen. Das Glas sofort schließen.

Heißeinfüllen: Mehr Info finden Sie im Kapitel »Heißeinfüllen«, Seite 11.

Sterilisieren

Wasser und Obst- oder Weinessig zu gleichen Teilen

Kräuter

Zwiebeln

Knoblauch

Senf- und Pfefferkörner

1 Vorbereitetes Gemüse (siehe Tabelle, Seite 55.), Kräuter, Zwiebeln, Knoblauch, Senf- und Pfefferkörner lagenweise in das Einmachglas schichten.

2 Das Essigwasser (siehe Heißeinfüllen) aufkochen und in das Glas füllen. Das Einmachgut soll gut bedeckt sein. Das Glas schließen.

3 Sterilisieren: 20 Minuten. Mehr Info finden Sie im Kapitel »Sterilisieren«, Seite 31.

Cornichons/Einlegegurken

für 1 Glas von ½ Liter Inhalt

1 Cornichons, Dill, Senfkörner, Zwiebeln und Knoblauch in das Glas füllen. Zucker und Salz darüberstreuen. So viel Essigwasser in das Glas füllen, daß die Cornichons ganz bedeckt sind. Das Glas schließen.

2 Sterilisieren: 15 Minuten. Mehr Info finden Sie im Kapitel »Sterilisieren«, Seite 31.

Wichtig: Die Gläser noch heiß aus dem Topf nehmen, sonst werden die Gurken zu weich.

TIP

Die Gurken wachsen im Hochsommer extrem rasch. Wenn man sie zart und klein vorzieht, muß man sie jeden Tag ernten und einmachen.

Cornichons/ Einlegegurken

1 Zweig Dill

einige Senfkörner

Knoblauchzehen, nach Belieben

feine Zwiebelscheiben, nach Belieben

1 KL Meersalz

½ KL Zucker

125 ml/1,25 dl Essig

125 ml/1,25 dl Wasser

ZUM REZEPT

Wer die Gurken sehr sauer liebt, verändert das Verhältnis Wasser/Essig. Der Zucker hat die Funktion, die Farbe zu erhalten und die Säure zu »brechen«.

Kürbis-Mus

1 Den Kürbis schälen und entkernen, klein würfeln. Die Zwiebeln und den Knoblauch fein hacken.

2 Kürbis, Zwiebeln und Knoblauch zusammen mit wenig Essig oder Zitronensaft weichkochen. Pürieren. Das Püree mit Salz und Curry abschmecken.

3 Das Kürbispüree in Gläser füllen. Die Gläser schließen.

4 Sterilisieren: 30 bis 40 Minuten. Mehr Info finden Sie im Kapitel »Sterilisieren«, Seite 31.

Kürbis

Zwiebeln

Knoblauch

wenig Essig oder Zitronensaft, nach Belieben

Meersalz

Currypulver

Verwendung: Für eine Suppe das Kürbispüree mit Gemüsebrühe verdünnen und aufkochen, mit saurer Sahne verfeinern und nach Belieben mit gerösteten Mandelblättchen, Brotwürfelchen, Kürbiskernen oder Sonnenblumenkernen bestreuen. Das Püree nach Belieben mit süßer Sahne verfeinern und mit hartgekochten Eiern oder Reis servieren. Für einen pikanten Kuchen das Püree mit 1 bis 2 verquirlten Eiern und wenig süßer Sahne und mit geriebenem Käse mischen und auf den Teigboden verteilen.

Essigsaurer Gemüsepaprika

Estragon und Dill

Gemüsepaprika/ Peperoni

Pfefferkörner

1 Prise Meersalz

Essigwasser (Verhältnis Essig/Wasser 1:1)

1 Die Kräuter mit kaltem Wasser überbrausen, die Blättchen ablesen oder mit der Schere kleine Zweige abschneiden.

2 Den Gemüsepaprika halbieren, entkernen und den Stielansatz entfernen.

3 Das Gemüse aufkochen.

4 Das Gemüse samt Gewürzen in das vorgewärmte Glas füllen. Mit dem kochenden Essigwasser bedecken. Die Gläser sofort schließen.

Heißeinfüllen: Mehr Info finden Sie im Kapitel »Heißeinfüllen«, Seite 11.

Sterilisieren: Gemüsepaprika, Kräuter und Gewürze in die Gläser füllen. Mit dem Essigwasser bedecken. 30 Minuten sterilisieren.
Mehr Info finden Sie im Kapitel »Sterilisieren«, Seite 31.

VARIANTEN

Gleich wie Cornichons und Gemüsepaprika lassen sich auch andere Gemüse (siehe Tabelle, Seite 55) einzeln oder als Mischung heißeinfüllen oder sterilisieren. Achtung: Rote Beten/Randen färben alles rosa, Gemüsepaprika/ Peperoni und Fenchel geben dem ganzen Glasinhalt ihr Aroma ab.

Rote-Bete-Salat

Rote Beten/Randen

1 EL Meersalz (pro Liter Flüssigkeit)

Essigwasser (Verhältnis Essig/Wasser 1:2)

1 Die roten Beten im Dampf weichkochen. Etwas abkühlen lassen, dann schälen, würfeln oder mit dem Gemüsehobel grob hobeln.

2 Die roten Beten in ein Glas füllen. Mit dem Essigwasser bedecken. Das Glas schließen.

3 Sterilisieren: 15 Minuten. Mehr Info finden Sie im Kapitel »Sterilisieren«, Seite 31.

Süßsauer einmachen

Süßsauer einmachen lassen sich u. a. Kürbis, Quitten, Birnen, Zucchetti (ausgewachsene Zucchini) und Zuckermais. Kürbis und Quitten schälen und entkernen. Große und gut reife Zucchini schälen und würfeln.

Heißeinfüllen

1 kg Früchte/ Fruchtgemüse

300 g Zucker

400 ml/4 dl Obst- oder Weinessig

Senf-, Pfeffer- und Korianderkörner

15 g Rosinen, nach Belieben

1 Sämtliche Zutaten aufkochen und die Früchte/das Fruchtgemüse knapp weichkochen.

2 Das Einmachgut in das vorgewärmte Glas füllen. Mit der heißen Flüssigkeit bedecken. Das Glas sofort schließen.

Heißeinfüllen: Mehr Info finden sie im Kapitel »Heißeinfüllen«, Seite 11.

Scharfe Senfgurken

2 kg Salatgurken
2 EL Meersalz
1–2 große Zwiebeln
1 roter Gemüsepaprika/Peperoni
2 EL gelbe Senfkörner
300 ml/3 dl Weißweinessig
300 ml/3 dl Wasser
250 g Zucker

ZUM REZEPT

Eine reiche Ernte läßt sich so auf einfache Art für den Winter konservieren. Die schmackhaften Gurken passen ausgezeichnet zu Schalenkartoffeln (Gschwellti), Käse und in bunte Salate.

1. Die Gurken schälen, längs halbieren, entkernen und in 5 mm dicke Scheiben schneiden. In eine Schüssel geben und mit dem Salz bestreuen. 1 bis 2 Stunden stehen lassen. Den Gurkensaft abseihen und aufbewahren.

2. Die Zwiebeln schälen, halbieren und in feine Scheiben schneiden. Den Gemüsepaprika halbieren, den Stielansatz und die Kerne entfernen, quer in Streifen schneiden.

3. Gurken, Zwiebeln, Gemüsepaprika und Senfkörner mischen, in die Gläser füllen.

4. Gurkensaft, Essig, Wasser und Zucker aufkochen. Die Gurken mit dem Fond bedecken. Die Gläser schließen.

5. Sterilisieren: 30 Minuten. Mehr Info finden Sie im Kapitel »Sterilisieren«, Seite 31.

Süßsaurer Kürbis

1 kg Kürbis
300 g Zucker
400 ml/4 dl Apfelessig
2 cm Zimtstange
1 TL Senfkörner
je 1/2 TL Koriander- und Pfefferkörner

1. Den Kürbis schälen und entkernen. Das Fruchtfleisch in fingerdicke Stäbchen oder Würfel schneiden.

2. Zucker, Essig und Gewürze aufkochen. Den Kürbis dazugeben, 5 bis 10 Minuten im Essigsirup köcheln, bis er glasig ist.

3. Das Einmachgut samt Gewürzen in das vorgewärmte Glas füllen. Mit dem heißen Saft bedecken. Das Glas sofort schließen.

Heißeinfüllen: Mehr Info finden Sie im Kapitel »Heißeinfüllen«, Seite 11.

Süßsaure Birnen

- 250 ml/2,5 dl Apfelessig
- 400 ml/4 dl Wasser
- 250 g Zucker
- 3 EL milder Senf
- 1 kg feste Birnen, z. B. Williams

1. Essig, Wasser, Zucker und Senf unter Rühren aufkochen.

2. Die Birnen schälen, halbieren und das Kerngehäuse entfernen.

3. Die Birnenhälften im Fond knapp weichkochen.

4. Das Einmachgut in das vorgewärmte Glas füllen. Mit dem heißen Saft bedecken. Das Glas sofort schließen.

Heißeinfüllen: Mehr Info finden Sie im Kapitel »Heißeinfüllen«, Seite 11.

Pikante süßsaure Äpfel

- 200 g Vollrohrzucker
- 300 ml/3 dl Apfelessig
- 300 ml/3 dl Apfelsaft
- 1 EL Wacholderbeeren
- 1 TL gemischte Pfefferkörner
- 1 gelber Gemüsepaprika/Peperoni
- 1½ kg festkochende Äpfel
- 1 scharfe rote Pfefferschote/Peperoncino

1. Zucker, Apfelessig und Apfelsaft sowie Gewürze aufkochen.

2. Den Gemüsepaprika halbieren, entkernen und den Stielansatz entfernen, in Streifen schneiden. Die Äpfel schälen, vierteln, entkernen und in Spalten schneiden.

3. Äpfel und Gemüsepaprika in die kochende Flüssigkeit geben, köcheln lassen, bis die Äpfel glasig sind.

4. Das Einmachgut in das vorgewärmte Glas füllen. Mit dem heißen Saft bedecken. Das Glas sofort schließen.

Heißeinfüllen: Mehr Info finden Sie im Kapitel »Heißeinfüllen«, Seite 11.

Curry-Zucchini

3 kg große, reife Zucchini

je 1 roter, grüner und gelber Gemüsepaprika

2–3 Zwiebeln

50 g Meersalz

¾ l Essig

¾ l Zuchinisaft

400 g Zucker

wenig Pfeffer aus der Mühle

3 EL mittelscharfes Currypulver

ZUM REZEPT

Die süßsauren Zucchini sind ein guter Salatersatz. Sie passen auch zu Schalenkartoffeln (Gschwellti), Raclette und Fondue chinoise.

1 Die Zucchini schälen und längs halbieren. Mit dem Gemüsehobel grob hobeln oder in feine Scheiben schneiden. Die Paprikaschoten halbieren, den Stielansatz und die Kerne entfernen. Die Schotenhälften in feine Streifen schneiden. Die Zwiebeln schälen, halbieren und in feine Scheiben schneiden.

2 Zucchini, Gemüsepaprika und Zwiebeln mit dem Salz mischen. 1 bis 2 Stunden stehen lassen (gibt viel Saft ab).

3 Das Gemüse am darauffolgenden Tag gut abtropfen lassen, den Saft auffangen.

4 Essig, Gemüsesaft, Zucker, Pfeffer und Currypulver aufkochen. Das Gemüse beigeben und knackig kochen.

5 Das Gemüse in die vorgewärmten Gläser füllen. Mit der heißen Flüssigkeit bedecken. Die Gläser schließen.

Heißeinfüllen: Mehr Info finden Sie im Kapitel »Heißeinfüllen«, Seite 11.

Himbeeressig

200 g Himbeeren (Spätlese)

800 ml/8 dl Weißweinessig

für 1 Liter

1 Die Himbeeren in eine weithalsige Flasche oder in ein Einmachglas geben. Den Essig darübergießen. Schließen. 1 Woche ziehen lassen.

2 Den Glasinhalt durch ein feines Tuch oder ein feines Sieb abseihen. Den Essig in die Flasche füllen.

Zum Rezept: Der Himbeeressig paßt ausgezeichnet zu bitteren Wintersalaten.

Wildbeeressig

100 g getrocknete Früchte von Eberesche, Schlehe oder Sanddorn

900 ml/9 dl Obstessig

für 1 Liter

1 Die Wildbeeren nach dem ersten Frost pflücken und trocknen. Siehe Kapitel »Trocknen/Dörren«, Seite 68.

2 Die getrockneten Früchte zerquetschen, zusammen mit dem Essig aufkochen, einen Tag zugedeckt ziehen lassen.

3 Den Essig durch ein feines Sieb abseihen, dann in Flaschen füllen.

Zum Rezept: Der Wildbeeressig paßt ausgezeichnet zu bitteren rustikalen Salaten.

Essigsauer, süßsauer und milchsauer einmachen

	Einmachart	Saison	Hinweise
Birnen	SS	Juli – Oktober	
Blumenkohl	ES/MS	Juli – Oktober	in Röschen teilen
Bodenkohlrabi	MS	September – November	
Bohnen, grüne	ES/MS	Juli – Oktober	zarte, junge Bohnen
Brokkoli	MS	Juni – Oktober	in Röschen teilen
Gemüsepaprika/ Peperoni	ES	Juli – Oktober	in Streifen
Einlegegurken	ES	Juli – Oktober	kleine Gurken ganz lassen
Herbstrüben	MS	Oktober – November	feine Scheiben oder raspeln
Kapuzinerkresse	ES	Juli – August	nur Knospen
Kohl, Weiß-	MS	Oktober – November	hobeln
Kohl, Rot-	MS	Juli – Oktober	hobeln
Kürbis	SS	August – Oktober	würfeln
Möhren/Karotten	MS	Juli – Oktober	Stäbchen, feine Scheiben
Pastinaken	MS	Oktober – März	raspeln, feine Scheiben
Perlzwiebeln	ES/MS	Juli – Oktober	ganz lassen
Pilze	ES	diverse	kleine Pilze ganz lassen
Quitten	SS	Oktober – November	Fruchtviertel, Spalten, Kompott
Rettich	MS	Juni – Oktober	würfeln, raspeln, feine Scheiben
Rote Beten/ Randen	ES/MS	August – Oktober	feine Scheiben, grob raspeln
Sellerie, Knollen-	ES/MS	August – Oktober	raspeln
Tomaten	MS	August – Oktober	ganze Früchte, Scheiben
Zucchini	SS	Juli – Oktober	Scheiben
Zuckermais	SS	August – Oktober	Farbtupfer in Mischgemüse

ES = Essigsauer, SS = Süßsauer, MS = Milchsauer

Milchsäuregärung

Die Milchsäuregärung ist eine der ältesten Konservierungsarten. Milchsaures Gemüse ist aus gesundheitlicher Sicht sehr wertvoll. Es ist eine Rohkost in veredelter Form. Sie bleibt ungekocht als »lebendige« Konserve je nach Temperatur aktiv, bis sie gegessen wird. Milchsaures Gemüse ist eine Bereicherung für jeden Speiseplan. Und dies ohne Mehrarbeit, ist doch das Gemüse eßbereit.

Bei der Milchsäuregärung wandeln die Milchsäurebakterien (Luft und Gemüseoberfläche) den im Gemüse enthaltenen Zucker in Säure um. Die Säure wird zum natürlichen Konservierungsmittel. Die Milchsäure hat bezüglich Geschmack eine ausgleichende Rolle und ist unserer Verdauung erst noch sehr zuträglich. Milchsaures Gemüse paßt zu Schalenkartoffeln (Gschwellti) und Raclette und als Beilage zu Getreidegerichten und Grilladen.

Notwendige Gefäße und Geräte

- Weithalsige Flasche mit luftdicht schließendem Deckel.

- Sterilisierglas (Einmachglas) mit unbeschädigtem Gummiring, dazugehörendem Deckel und bei gewissen Modellen mit loser Klammer.

- Glas mit Schraubdeckel. Der Deckel darf keine Rostflecken (Oxidation) haben. Rost ist ein Vitamin-C-Killer! In Verbindung mit Säure rostet er rasch weiter.

- Steinguttopf (Stande) mit Deckel und Wasserrinne für größere Mengen.

- Beim Kauf beachten: die Topfgröße dem persönlichen Bedarf anpassen. Ein Topf mit 10 bis 20 Liter Fassungsvermögen reicht für eine 4- bis 5köpfige Familie. In ein 10-Liter-Gefäß können 8 kg Kohl eingelegt werden. Ein Glas mit Schraubdeckel von 0,8 l Inhalt ist groß genug für 600 bis 700 g Kohl/Kabis.

- Große Schüssel oder Behälter: Leergewicht der Schüssel notieren.

- Gemüsehobel

- Waage

Was zu beachten ist

Siehe »Heißeinfüllen«, Seite 12.

Gemüse einfüllen

Gesundes, reifes Gemüse nehmen.

Wichtig: Für die Milchsäuregärung ist je nach Gemüsesorte Salz (für Gemüse, das reichlich Flüssigkeit abgibt) oder Salzwasser (für Gemüse, das wenig Flüssigkeit abgibt) notwendig. Auf 1 Liter Wasser kommen 25 g Salz. Angaben beim jeweiligen Gemüse beachten.

Möhren/Karotten, Knollensellerie, Rettich

1 kg Gemüse

12 g Meersalz

Weißkohl-/Weißkabis- oder Rebenblätter zum Bedecken

1. Das Gemüse schälen und mit dem Gemüsehobel hobeln, wie für einen Salat.

2. Gemüse, Kräuter, Gewürze und Salz mischen.

3. Das Gefäß zu $^4/_5$ mit dem Gemüse füllen. Mit den Kohl- oder den Rebenblättern bedecken. Die Blätter verhindern das Verfärben der obersten Schicht und fördern die Gärung. Das Glas schließen.

Rot- und Weißkohl

1 Den Kohl putzen. Mit dem Gemüsehobel fein hobeln. Gewürze, Kräuter und Salz untermischen. Das Gemüse von Hand kneten, bis reichlich Saft austritt.

2 Das Gefäß zu 4/5 mit dem Kohl füllen und gut schließen.

3 Bei Verwendung eines Topfes diesen bis zu 4/5 mit Kohl füllen. Große Kohlblätter auf das Einmachgut legen. Zwei Beschwerungssteine flach darauflegen. Der Kohlsaft sollte etwa 5 cm über den Steinen stehen, andernfalls ist mit Salzwasser aufzufüllen. Den Rand und die Wasserrinne reinigen. Den Deckel aufsetzen und die Wasserrinne mit Wasser füllen. Die Rinne muß immer mit Wasser gefüllt sein. Es sorgt dafür, daß der Topf luftdicht geschlossen ist. Den Wasserstand regelmäßig kontrollieren und bei Bedarf Wasser nachfüllen.

1 kg Kohl

Wacholderbeeren

Korianderkörner

Kümmel, nach Belieben

frische Kräuter nach Belieben

12 g Meersalz

Mischgemüse

Möhren/Karotten
Knollensellerie
Blumenkohl
feine Zwiebelscheiben
ganze Knoblauchzehen
Senf- und Korianderkörner
Weißkohl-/Weißkabisblatt zum Bedecken
Salzwasser (25 g Salz auf 1 Liter Wasser)

1 Die Möhren und den Sellerie schälen und würfeln. Den Blumenkohl in die einzelnen Röschen teilen.

2 Gemüse, Zwiebescheiben, Knoblauchzehen, Senf- und Korianderkörner abwechslungsweise bis auf $^{4}/_{5}$ Glashöhe einfüllen. Mit einem Kohlblatt bedecken. Mit dem Salzwasser gut bedecken. Die Gläser schließen.

Rote Beten/Randen

1 kg rote Beten/ Randen

gehackter Dill

feine Zwiebelscheiben

Senfkörner

12 g Meersalz

1 Die roten Beten schälen und mit dem Gemüsehobel hobeln, wie für einen Salat.

2 Rote Beten, Kräuter, Gewürze und Salz mischen.

3 Das Gefäß nur zu $^3/_4$ füllen – stürmische Gärung! Das Glas schließen. Während der Gärung vorsichtshalber in ein Becken stellen.

Cornichons oder Einlegegurken

Blätter von schwarzen Johannisbeeren

Cornichons oder kleine Einlegegurken

viel frische Kräuter wie Dill, Borretsch

Eichen-, Reben- oder Meerrettichblätter

Salzwasser (25 g Salz auf 1 Liter Wasser)

1 Den Glasboden mit einer Schicht Johannisbeerblätter bedecken. Sie mindern das Weichwerden von Cornichons und Gurken.

2 Die Gurken und die Gewürze bis $^4/_5$ Glashöhe einfüllen. Mit Eichenblättern bedecken. Mit dem Salzwasser gut bedecken. Die Gläser schließen.

Rhabarberkompott

Rhabarber

1 Den Rhabarber schälen und in Stücke schneiden.

2 Die Rhabarberstücke dicht in Gläser füllen. Gut mit kaltem Wasser bedecken. Das Glas schließen.

Zum Rezept: Dieses ungesüßte Rhabarberkompott eignet sich für Früchtekuchen, Cremes, Eiscreme, Mousse sowie als Zugabe zu Konfitüren.

Grüne Bohnen

grüne Bohnen

Bohnenkraut

ganze Knoblauchzehen

Zwiebelscheiben

Weißkohl-/Weißkabis- oder Rebenblatt zum Bedecken

Salzwasser (25 g Salz auf 1 Liter Wasser)

1 Die Bohnen putzen, d. h. den Stielansatz wegschneiden. Das Bohnenschwänzchen enthält Spuren von natürlichem Cortison.

2 Die Bohnen je nach Größe und Zartheit 5 bis 10 Minuten im Wasser blanchieren. Abgießen.

3 Bohnen, Bohnenkraut, Knoblauchzehen und Zwiebelscheiben abwechslungsweise bis auf 4/5 Glashöhe einfüllen. Mit einem Kohlblatt bedecken. Mit dem Salzwasser bedecken. Die Gläser schließen.

Standort während der Gärung

- Topf (Stande) am besten im Keller füllen und auch dort stehen lassen (erspart das Herumtragen).

- Gläser anfangs an einen dunklen Ort (Kartonbox, Schrank, Truhe usw.) stellen. Der Raum muß Zimmertemperatur haben. Sobald im Glas Bläschen aufsteigen, dies kann je nach Temperatur nach 3 bis 5 Tagen der Fall sein, die Gläser an einen kühlen Ort stellen (Keller). Keinesfalls in den Kühlschrank!

Gärungszeit – Gemüseentnahme

Gärungszeit: Das Einmachgut ist nach rund 4 Wochen (Sommer) und 6 Wochen (Winter) eßbereit. Nach dieser Zeit werden immer noch Aromastoffe gebildet, die das Gemüse geschmacklich noch besser machen.
Gemüse dem Topf (Stande) entnehmen: Deckel wegnehmen. Wenn sich eine feine (weiße) Chamhefeschicht gebildet hat, diese sorgfältig abschöpfen. Steine und Deckblätter entfernen. Das Einmachgut schichtweise entnehmen (keine Löcher graben). Deckblätter und Steine waschen, wieder auflegen. Bei Bedarf Salzwasser nachfüllen.
Den Topf nur kurze Zeit offen lassen.
Gemüse dem Glas entnehmen: Angebrochene Gläser im Kühlschrank aufbewahren.

Lagerung

Lagerort: Milchsaures Gemüse (Gläser und Topf) an einem kühlen, dunklen Ort lagern.
Haltbarkeit im Glas: Verschlossene Gläser können bis $1\frac{1}{2}$ Jahre gelagert werden. Nach dem Öffnen gut verschlossen im Kühlschrank aufbewahren.
Haltbarkeit im Topf: Bis 8 Monate, vorausgesetzt, das Gemüse wurde immer sauber entnommen.

Starthilfe zur Gärung

Eine ideale Starthilfe ist die Molke oder das Molkosan (Verhältnis Molkosan/Wasser 1:6). Auf einen Topf von 10 Litern Inhalt kommt 1 Tasse Molke. Man kann auch Lake (Saft) einer gut gelungenen früheren »Konserve« verwenden.

Sauerkraut – Was wurde falsch gemacht?

Buttersäurebildung: Der starke, unangenehme Geruch ist auf eine ungenügende Säurebildung zurückzuführen. Das Kraut kann nicht mehr gegessen werden. Das nächste Mal als Starter Molke beigeben.
Schleimhaut (Chamhefeschicht): Die Schicht kann vor der Krautentnahme sorgfältig entfernt werden. Siehe »Gemüseentnahme«.
Weiches Sauerkraut: Die Fermentationstemperatur war zu hoch und/oder die Salzkonzentration zu niedrig. Das Sauerkraut ist dennoch genießbar und kann ohne Bedenken gegessen werden.

Die Vorteile der Milchsäuregärung

- milchsaure »Konserven« sind lebendige Nahrungsmittel, die sich je nach Temperatur immer wieder verändern
- sehr bekömmliches Nahrungsmittel, das auch die Verdauung unterstützt
- äußerst geringer Energiebedarf bei der Herstellung/Verarbeitung
- energieunabhängige Lagerung
- kann als Rohkost gegessen werden

Geeignetes Gemüse siehe Tabelle Seite 55.

Trocknen – Dörren

Aus Indianergeschichten kennen bestimmt die meisten den »Pemmikan«: Die mutigen Krieger hängten sich als Wegzehrung getrocknetes Fleisch an den Sattelknopf. Bei archäologischen Grabungen werden immer wieder Überreste getrockneter Nahrungsmittel gefunden. Diese Konservierungsart war für Menschen in prähistorischen Zeiten zum Überleben geradezu zwingend. Es war die einzige Möglichkeit, die in der Vegetationszeit gesammelten Nahrungsmittel auf einfache Art haltbar zu machen, um sich damit bis zur nächsten Vegetationsperiode zu ernähren. Solche Sachzwänge bestehen in unseren Tagen nicht mehr. – Heute laden vielmehr üppige Kräuterbeete, gut gedeihendes Gemüse und schwerbehangene Obstbäume sowie die Freude am Verarbeiten gesunder Lebensmittel dazu ein, eigene Vorräte anzulegen. Auch wenn viele Kräuter praktisch das ganze Jahr frisch erhältlich sind, ist es eine besondere Freude, wenn man im Winter mit eigenem getrocknetem Grün Saucen, Suppen und andere Gerichte aromatisieren kann. Freuen wir uns auf das weihnachtliche Gebäck, das wir mit eigenem Dörrobst füllen, oder auf ein Grießköpfchen mit einer Dörrobstsauce.

Trocknen und Dörren sind bewährte Konservierungsmethoden, welche die Lagerdauer gewisser Obst- und Gemüsesorten sowie von Nüssen und Pilzen wesentlich verlängern. Der Wassergehalt der Nahrungsmittel (trifft auf die Nüsse nicht zu) wird bei der Haltbarmachung auf 10 bis 12% reduziert. Grundsätzlich kann man alles trocknen. Nicht alle Kräuter, Gemüse- und Obstsorten ergeben jedoch gleich gute Resultate. Wichtig ist, daß man die Produkte haltbar macht, welche in der Küche sinnvoll eingesetzt werden können!

Bewußt werden die beiden Verfahren »Trocknen« und »Dörren« gemeinsam behandelt, denn je nach Jahreszeit lassen sich dieselben Lebensmittel an der Sonne trocknen oder müssen im Dörrapparat verarbeitet werden.

Geräte zum Trocknen und Dörren

- Sieb: Es kann ein leichter Holzrahmen sein, der mit einem durchlässigen Baumwollstoff oder mit einem feinmaschigem Geflecht bespannt ist. Das Geflecht muß mit Stoff belegt werden. Diese Gitter können problemlos selber hergestellt werden. Neuer Stoff ist vor dem Auslegen ohne Waschmittelzusatz zu kochen.

- Metallgitter müssen aus rostfreiem Material sein.

- Obstgebinde aus Karton sind in der Regel gut stapelbar; eventuell mit weißem Papier auslegen.

- Holzbrett mit Rand (Servierbrett oder ähnliches)

- Dörrapparat mit Gitteraufsätzen. Es gibt Geräte mit Umluftgebläse und Deckel und solche ohne Gebläse. Darauf achten, daß der Apparat mit Thermostat und Temperaturregler ausgerüstet ist.

- Solardörrgeräte entwickeln im Hochsommer hohe Temperaturen. Dörrvorgang kontrollieren und Erfahrungen sammeln!

- Gemeinschafts-Dörranlagen (siehe regionale Gas- und/oder Stromwerke).

- Backofen. Diese Methode ist sehr energieaufwendig! Deshalb nur in Notfällen brauchen. Allerdings kann Restwärme nach dem Backen gut zum Dörren von Früchten und Kräutern oder zum Nachdörren von Gemüse und Obst genutzt werden. Ofen ein wenig offen lassen! Einen Holzlöffel einklemmen, damit der Dampf entweichen kann. Die Kräuter dürfen beim Dörren nicht über 40 Grad erhitzt werden.

Tee- und Gewürzkräuter trocknen

Erntezeitpunkt, Pflege der Pflanze und Trocknungsart sind für eine gute Kräuterqualität wichtig. Mehrjährige Stauden sind 3 Mal zu schneiden, am besten im Mai, Juli und September. Vor dem Blühen empfiehlt sich jeweils ein Schnitt bei denjenigen Stauden, von denen nur die Blätter verwendet werden (z. B. Zitronenmelisse, Pfefferminze, Salbei).
Die Pflanze muß sich durch den Schnitt immer wieder verjüngen.

1 Kräuter bei schönem Wetter und mit Vorteil zwischen 10 und 18 Uhr ernten, immer mit der Schere abschneiden (nicht brechen). Das Sammelgut locker in einen Korb legen, keinesfalls in einen Plastikbeutel! Zum Trocknen werden die jungen Triebe verwendet. Sie sollen je nach Pflanze 10 bis 15 cm lang sein. Die Triebe können zwecks Verjüngung noch mehr gekürzt werden. Abschnitte als Mulch liegen lassen.

2 Die Kräuter sofort an einem schattigen, warmen Ort dünn auslegen.

3 Die trockenen Kräuter ohne zu zerkleinern in Baumwollstoffsäcken aufbewahren. Erst bei Gebrauch zerkleinern (verhindert Aromaverlust). Je weniger die Kräuter behandelt werden, desto mehr Aroma haben sie!

Künstliche Wärmequellen: Die Kräuter keiner elektrischen Wärmequelle aussetzen, weil sich bei Temperaturen von über 30 Grad die wertvollen ätherischen Öle verflüchtigen und die Blätter sich bräunlich verfärben.

TIP

Die Kräuter möglichst nicht waschen, da sie an Aroma verlieren und zusammenkleben. Zudem ist die Gefahr des Schimmelns groß.

Kräuterzubereitungen

Kräutersalz

Gut getrocknete Kräuter nach Belieben mischen, zerkleinern (durch ein grobes Sieb reiben) und mit Meersalz mischen. Salz und Kräuter können auch in einem Mörser oder in einem Cutter zerkleinert werden. Das Verhältnis Salz/Kräuter bestimmt jeder selbst. Das Kräutersalz in dekorative Gläser füllen. Es ist auch ein schönes und willkommenes Mitbringsel!

Erfrischungstee

Das Potpourri setzt sich (Menge der einzelnen Pflanze in absteigender Reihenfolge) zusammen aus Zitronenmelisse, Lindenblüten, Sonnenblumen, Ringelblumen, Kornblumen, Zitronenthymian, Malven, Kamille, Lavendel und wenig Pfefferminze.

Beruhigungs- oder Schlaftee

Eine Mischung aus Zitronenmelisse, Goldmelisse, Hopfen, Kamille und Lindenblüten zu gleichen Teilen.

Magentee

Bei Magenverstimmung hilft Kamille, die nach Belieben mit wenig Wermut (sehr bitter) gemischt wird. Den Tee nur schluckweise trinken – nicht mehr als 1 Tasse täglich.

Hustentee

Holunderblüten, Thymian, Kornblumen und Eibischwurzel zu gleichen Teilen.

Kreislauftee

Eine Mischung aus Rosmarin und Bohnenkraut zu gleichen Teilen regt den Kreislauf an und hat auf die Psyche einen günstigen Einfluß.

Gurgelwasser

Salbei und Lavendel zu gleichen Teilen. Tee aufsetzen und diesen zum Gurgeln leicht abkühlen lassen.

Fußbad

Ein Teeaufguß aus Storchenschnabel und Lavendel beugt Fußpilz vor und wirkt desinfizierend. Die Kräuter mit heißem Wasser übergießen und ca. 5 Minuten ziehen lassen. Im Aufguß baden, sobald man die Hitze gut erträgt. Das Kraut im Aufguß belassen.

Pilze trocknen

Pilze trocknen/dörren lohnt sich vor allem dann, wenn man sie selber sammelt oder züchtet.

1 Die Pilze gut reinigen (mit einer Bürste) und putzen, ohne sie zu waschen. Große Pilze in nicht zu dünne Scheiben schneiden. Kleine Pilze ganz lassen.

2 Die Pilze flach auf Gittern (1 Schicht) ausbreiten.
Wichtig: Da die Pilzernte in eine Zeit fällt, in welcher die Sonneneinstrahlung zum Trocknen häufig nicht mehr ausreicht, empfiehlt es sich, die Pilze im Dörrapparat zu dörren. Sie müssen rasch trocknen können.

3 Aufbewahren: Die einzelnen Pilzsorten haben ein sehr unterschiedliches Aroma, deshalb sollte man die Pilze sortengetrennt aufbewahren.

TIP

Getrocknete Pilze sind gute Geschmacksträger. Sie sind im Aroma häufig intensiver als frische Pilze. Für Suppen und Saucen können getrocknete Pilze (in Wasser einlegen) mit frischen Pilzen gemischt werden. Eine gute Würze: rascheltrockene Pilze zu Pulver mahlen. In einem gut verschließbaren Gefäß aufbewahren.
Geeignet zum Würzen von Suppen, Eintöpfen, Saucen und Fleischgerichten.

Gemüse trocknen und dörren

1 Das Gemüse putzen und bei Bedarf zerkleinern.

2 Das Gemüse mit Ausnahme von Zucchini und Tomaten ohne Salzzugabe 2 bis 3 Minuten blanchieren (sprudelnd kochen). Abgießen. Das Blanchierwasser kann für Suppen und Gemüsesaucen verwendet werden. Das Bohnenwasser muß weggegossen werden.

3 Das blanchierte Gemüse flach auf Gittern (eine Schicht) ausbreiten.

4 Gitter zum Trocknen an einen luftigen, schattigen Ort legen oder das Gemüse im Dörrapparat gemäß Anleitung dörren.

Bohnen: Die Bohnen müssen nach dem Dörren ganz hart sein (nicht elastisch!). Sie werden später wieder weich. 1 kg grüne Bohnen ergeben 120–150 g Dörrbohnen. Die Dörrbohnen müssen vor dem Kochen – am besten über Nacht – in kaltes Wasser eingelegt werden.
Suppengemüse: Sortengetrennt blanchieren und trocknen lassen. Den Bedarf im voraus festlegen, damit nicht unnötige Arbeit geleistet wird.
Tomaten: Lange, fleischige Sorte (Peretti) wählen. Die Frucht längs halbieren oder vierteln. Den Stielansatz entfernen. Mit der Schnittfläche nach oben (verhindert Saftverlust) auf das Gitter legen.
Zucchini: Junge, schlanke Zucchini in 5 mm dicke Scheiben schneiden. Mit Pfeffer bestreuen. Während 8 bis 10 Stunden trocknen lassen. Die Zucchinischeiben sind beliebt als Knabberchips.

Trocknen ohne Zusatzenergie

Verschiedene Obst- und Gemüsesorten können im Hochsommer ohne Zusatzenergie an einem luftigen, trockenen, schattigen Ort getrocknet werden. Wer sich noch die Zeit nehmen kann und will für das Auffädeln, der blanchiert die grünen Bohnen und reiht sie auf einen festen Faden auf, zwischen den Bohnen einen Knoten machen, damit sie sich nicht berühren.

Nüsse trocknen

1 Die gesammelten Nüsse bei starker Verschmutzung kurz waschen (Schalen).

2 Die Nüsse an einem schattigen, luftigen Ort zirka 2 Wochen auslegen oder bei Zimmertemperatur rund eine Woche trocknen lassen. 1 Mal täglich bewegen.

3 Die Nüsse im Papier- oder Stoffsack an einem trockenen, luftigen Ort lagern.

Wichtig: Nüsse nicht im Dörrapparat trocknen. Sie werden ranzig!

Früchte trocknen und dörren

1 Die Früchte waschen.

2 Die Früchte je nach Größe und Fruchtart zerkleinern (halbieren, vierteln, Schnitze machen, Ringe schneiden). Das Kerngehäuse und bei großen Früchten auch die Steine entfernen.

3 Das Dörrgut dünnlagig auf die Gitter legen. So lange trocknen/dörren, daß die Früchte noch leicht elastisch (biegbar) sind.

Äpfel: Äpfel mit schöner Haut nicht schälen. Für Apfelringe das Kerngehäuse mit einem Apfelausstecher entfernen und den Apfel in Ringe schneiden. Für Spalten/Schnitze den Apfel achteln. Die Früchte auf das Dörrgitter stellen, weil so der Platz besser genutzt werden kann.

Birnen: Die Früchte ganz, halbiert oder geviertelt dörren. Sie müssen gut reif sein, besser sogar leicht überreif. Sie werden geschmacklich besser, wenn sie vor dem Trocknen auf einem Gitter oder in einem Korbeinsatz im Dampf gegart werden, bis man mit einem Zahnstocher mühelos hineinstechen kann.

Kirschen: Die Früchte samt Stein in einer Pfanne mit Wasser kurz vor den Siedepunkt bringen, abgießen und trocknen/dörren.

Zwetschgen: Sie mögen vielen in schlechter Erinnerung sein, weil sie stark saften. Das läßt sich vermeiden: ganze Zwetschgen bei hoher Temperatur über Dampf oder im Backofen bei 220 Grad so lange erhitzen, bis sie ganz prall sind. Wenn man Fruchthälften in den Ofen schiebt (gleiche Temperatur wie ganze Früchte), müssen sich auf der Schnittfläche Safttröpfchen bilden, nach etwa 15 Minuten. Die Früchte über Nacht kühl stellen und anderntags trocknen/dörren. Dieses Prinzip ist der Natur abgeschaut: Am Tag heiß, in der Nacht kalt.

Aprikosen/Pfirsiche: siehe Zwetschgen. Dörrvorgang regelmäßig kontrollieren. Früchte vor dem Abfüllen in Papier- oder Stoffsack mindestens 12 Stunden auskühlen lassen.

Braune Äpfel- und Birnenschnitze: Sie haben ebensoviel, wenn nicht mehr Aroma als die hellen Früchte. Oft wird für eine helle Farbe das Waschen des Dörrgutes in leicht salzigem Wasser (50 g Salz auf 4 Liter Wasser) empfohlen. Dies vermindert zwar das Braunwerden, jedoch können dadurch die Äpfel etwas salzig schmecken.

Lagerung

Lagerort: Das Dörrgut in Stoff- oder Papiersäcken (Stoffsäcke aufhängen) oder in einer Truhe an einem kühlen, luftigen, trockenen Ort (eventuell Estrich/Dachboden) aufbewahren. Plastikbeutel eignen sich nicht, weil sie u. a. die Atmung verhindern.
Mottenbefall: Zur Vorbeugung Wacholder-, Rosmarin- und/oder Lavendelzweige in die Säcke und Truhen geben. Lagergut regelmäßig kontrollieren. Bei Befall noch brauchbares Dörrgut 1 bis 2 Tage in den Tiefkühler legen.
Lagerdauer: Kräuter können in der Regel bis zu einem Jahr – bis zur neuen Ernte – gelagert werden, Pilze 1 bis 2 Jahre, Dörrobst und Dörrgemüse bis 6 Monate. Nüsse in der Schale können 6 bis 8 Monate gelagert werden. Sie trocknen mit zunehmender Lagerdauer aus.

Die Vorteile des Trocknens und Dörrens

- geringer Platzbedarf
- lange haltbar
- energiefreie Lagerung
- besseres Aroma (Beispiel Dörrbohnen)

Dörrgut zum Kochen vorbereiten

- Dörrbohnen über Nacht gut mit Wasser bedeckt einweichen. Das Wasser abgießen. Ein Teil davon kann zum Kochen verwendet werden.

- Dörrobst vor der Verarbeitung (Früchtebrot, Fruchtsalat, Mousse usw.) über Nacht in Wasser oder Apfelsaft einlegen. Dörrobst, das zum Backen verwendet wird, kann auch in Rum eingelegt werden, über Nacht oder mehrere Tage ziehen lassen. Flüssigkeit beim Backen mitverwenden.

Dörrobstsauce

50 g Dörrobst, klein geschnitten

250 ml/2,5 dl Apfel- oder Orangensaft

1–2 EL Honig

1 Das Dörrobst über Nacht im Fruchtsaft einlegen.

2 Die eingelegten Früchte anderntags aufkochen, wenig auskühlen lassen. Den Honig beigeben.

TIP

Zu Eiscreme, Grießköpfchen servieren oder mit Quark mischen.

Trocknen – Dörren

		Bemerkungen/Dörrzeit
Apfelschalen	T	Tee (Schalen fallen bei der Herstellung von Kompott/ Fruchtkuchen an)
Äpfel	T/D	8 bis 10 Stunden
Aprikosen	T/D	12 bis 24 Stunden
Auberginenscheiben**	T/D	ca. 8 Stunden
Basilikum	T	
Birnen	T/D	24 Stunden
Bohnen, grüne	T/D	10 Stunden, bei 70 Grad
Bohnenkraut	T	Tee, Gewürz
Brennesselblätter	T	Tee, Gewürz
Dillkraut	T	Gewürz, getrocknet 3 Monate haltbar
Eisenkrautblätter	T	Tee
Erbsen	T	
Estragon	T	Gewürz
Frauenmantelblätter	T	Tee
Gemüsepaprika/Peperoni	T/D	8 Stunden
Goldmelisseblüten	T	Tee
Hagebutten	T	Tee
Holunderblüten	T	Tee
Huflattichblüten	T	Tee
Johanniskrautblüten und -blätter	T	Tee, Öl
Kamillenblüten	T	Tee; desinfizierender Aufguß bei Wunden
Kirschen	T/D	blanchieren, 15 bis 20 Stunden
Königskerzenblüten*	T	Tee
Kornblumenblüten	T	Tee
Lauch	T	in feine Ringe schneiden
Liebstöckel	T	Gewürz
Lindenblüten	T	Tee

		Bemerkungen/Dörrzeit
Majoran/Oregano	T	Gewürz, Tee
Malvenblüten	T	Tee, desinfizierender Aufguß
Mirabellen (ganz)	D	10 bis 18 Stunden
Nüsse	T	
Pfefferschoten/ Peperoncini	T/D	Gewürz
Petersilie	T	Gewürz
Pilze	D	Dörrdauer je nach Sorte
Ringelblumenblüten	T	Tee, Öl, desinfizierender Aufguß
Salbei	T	Gewürz, Gurgelwasser, Öl
Schachtelhalm	T	Tee
Schafgarbenblüten und -blätter	T	Tee
Schlüsselblume*	T	Tee
Sellerieblätter	T/ D	Gewürz
Sonnenblumen	T	gelbe Kronblätter für Tee
Spitzwegerichblätter	T	Tee, desinfizierender Aufguß
Thymian	T	Gewürz, Tee
Tomaten**	D	Peretti-Tomaten nehmen, ca. 15 Stunden
Wermutblätter	T	Tee
Ysopblüten	T	Gewürz, Tee
Zitronenmelisse	T	Tee, Gewürz
Zucchinischeibchen	T/D	Chips
Zwetschgen	T/D	

T = Trocknen

D = Dörren

* ohne Blütenkelch

** vor Gebrauch rund 12 Stunden in Öl einlegen (für Pizzas, als Brotbelag)

Zutaten:
Zubereitung:
100 g enthalten
contiennent
contengono
13,5g
7,0g
66,4g
1,8g
1,4g

Darren

Grundsätzlich sollte nur dann ein größerer Getreidevorrat angelegt werden, wenn man das Getreide das ganze Jahr kühl, dunkel und trocken lagern kann, da die Gefahr des Befalls mit Getreidemotten und einer Qualitätseinbusse sehr groß ist. Abhilfe kann hier das Darren bieten: mit diesem Trocknungsprozeß wird einem Befall vorgebeugt. Zudem ist gedarrtes Getreide leichter verdaulich, weil durch die Erhitzung auf maximal 80 Grad das Eiweiß in den Randschichten weder verklebt noch hart wird. Dies wiederum verkürzt die Kochzeit, und das Eiweiß kann besser aufgeschlossen werden. Ein kleiner Nachteil dieses »Veredlungsprozesses« ist, daß das Getreide nicht mehr keimfähig ist.

Zum Darren eignen sich alle Getreidearten. Bei Buchweizen, Hirse, Reis und Hafer verhindert das Darren das Verkleben der Stärke beim Kochprozeß. Das Getreide bleibt nach dem Garen körnig.

Geräte zum Darren

- großes Kuchenblech
- Backofen
- direkte Sonneneinstrahlung (ist zwar kein Gerät, gehört aber sinngemäß an diesen Platz!)
- Kochtopf (für kleine Mengen)

TIP

Im Winter kann man von Insekten befallenes Getreide an einen sehr kalten Ort stellen (eventuell in den Tiefkühler). Gleich verfährt man auch mit befallenen Hülsenfrüchten. Zu Getreidevorräten können Rosmarinzweige gelegt werden, sie verjagen manchmal die unerwünschten Gäste.

Getreide darren

1 Getreide kurz einweichen und abtropfen lassen.

2 Das Getreide auf ein Backblech/auf Backbleche verteilen und im Backofen bei maximal 80 Grad – die Backofentüre einen Spaltbreit offen lassen – während mindestens einer Stunde darren. In südlichen Gegenden oder an sonnenexponierten Lagen: das Getreide auf einem Leinentuch/auf Leinentüchern, auf Papierbogen usw. auslegen und mindestens drei Stunden an der prallen Sonne stehen lassen. Die Hitze und die UV-Strahlen übernehmen den Trocknungsprozeß.

Wichtig: Das Getreide muss nach dem Darren für die Lagerung ganz trocken sein, sonst schimmelt es.

Lagerung von frischem Getreide

Lagerort: kühl und trocken
Lagergebinde: Kartontonnen (erhältlich in Bioladen), Truhe mit Deckel, Papiersäcke
Lagerdauer: 12 Monate. Das Getreide ab und zu schütteln und bewegen. Das stört unerwünschte Besucher und verjagt sie allenfalls.

Gedarrtes Getreide kochen

1 Das gedarrte Getreide in einen Kochtopf geben. Mit Wasser gut bedecken. Den Topfinhalt aufkochen.

2 Den Topf von der Wärmequelle nehmen und das Getreide zugedeckt bis am nächsten Morgen quellen lassen.

Wichtig: Das Getreide immer erst nach dem Quellen salzen, da es rascher weich und ganz aufgeschlossen wird.

Verwendung: Für Salate verwenden oder das Getreide erhitzen, mit Kräutern, Butter, geriebenem Käse und Meersalz abschmecken.

In Öl einlegen

Das Konservieren von Gemüse in Öl ist in südlichen Ländern stark verbreitet. Dazu laden die eigene Ölproduktion (Olivenöl) und in südlichen Gefilden wachsende Gemüsesorten ein (Artischocken, Auberginen, Oliven usw.).

Was in unseren Breitengraden bestens empfohlen werden kann, ist das Einlegen von Gewürz- und Heilkräutern und Pilzen in Öl. Darauf wollen wir uns in diesem Kapitel konzentrieren. Wichtig ist, daß man hochwertiges Sonnenblumen-, Oliven- oder Distelöl verwendet. Kaltgepreßtes Öl nicht an die Sonne stellen.

Gartenfrische Kräuter einlegen

Zum Einlegen in Öl eignen sich Basilikum, alle Gewürzkräuter und Heilkräuter (für die äußerliche Anwendung).

1 Kräuter ernten: siehe Kapitel Dörren/Trocknen, Seite 68.

2 Die geernteten Kräuter wegen Schimmel- und Gärgefahr nicht waschen.

3 Die Blätter ablesen und anwelken lassen.

4 Die Blätter nicht zu dicht in ein Glas oder in eine Flasche mit Schraubverschluß füllen. Mit dem Distelöl gut bedecken. Das Glas schließen und an einem kühlen, dunklen Ort lagern (Keller, Vorratskammer, Kühlschrank).

Lagerung: Das Kräuteröl kann 3 bis 4 Monate gelagert werden, im Kühlschrank sogar 8 Monate.

Basilikumpaste

200 g Basilikum
100 ml/1 dl Olivenöl extra nativ
Meersalz

1. Die Basilikumblätter zupfen.

2. Die Basilikumblätter zusammen mit dem Olivenöl pürieren. Mit dem Salz würzen.

3. Die Basilikumpaste in kleine Gläser füllen. Mit 1 bis 2 Eßlöffeln Olivenöl bedecken.

Lagerung: Die Basilikumpaste ist an einem kühlen Ort oder im Kühlschrank zirka 4 Monate haltbar.
Variante: Basilikum durch Bärlauch oder Brennesseln ersetzen.

Verwendung: Basilikumpaste mit Pinienkernen und Parmesan oder halb Parmesan/halb Pecorino pürieren und mit frisch gemahlenem Pfeffer abschmecken. Fertig ist die Pestosauce. Ideal zu Nudeln und Schalenkartoffeln.

Champignons in Öl

1 kg kleine Champignons
1 TL Meersalz
1/2 l Weißweinessig
4 Lorbeerblätter
4 Nelken
1 EL gemischte Pfefferkörner
Olivenöl extra nativ

1. Die Pilze putzen und mit einem trockenen Tuch abreiben.

2. Sämtliche Zutaten aufkochen, 10 Minuten auf kleinem Feuer köcheln lassen. Abseihen.

3. Die Pilze und die Gewürze in Gläser füllen. Mit dem Olivenöl bedecken. Das Glas schließen.

Lagerung: Im Kühlschrank 6 Monate haltbar.

Gewürzöl für Salate

1 Die Kräuter 2 Tage antrocknen lassen. Es dürfen nur gut trockene Kräuter eingelegt werden.

2 Die Kräuter mit den restlichen Zutaten in eine dunkle Flasche füllen. Mit dem Olivenöl auffüllen. Die Flasche schließen.

Lagerung: Das Öl kann gut verschlossen 4 bis 8 Monate kühl gelagert werden. Es lohnt sich nicht, Gewürzöl lange zu lagern, denn das nächste Jahr zur gleichen Zeit gibt es wieder jede Menge frischer Kräuter.

Je 1 Zweig Rosmarin und Estragon

3 Zweige Thymian

4 bis 5 Salbeiblätter

2 Lorbeerblätter

4 Knoblauchzehen

je 1 TL grüne Pfeffer- und Senfkörner

Olivenöl extra nativ

VARIANTE

Für ein scharfes Öl den Thymian durch eine längs halbierte Pfefferschote/Peperoncino ersetzen.

TIP

Wenn die Blätter nach Anbruch der Flasche nicht mehr im Öl liegen, das Öl abgießen und die Kräuter entfernen. Oder man füllt das Glas wieder mit Öl, ohne die Kräuter abzuseihen. Die Flasche immer gut verschließen.

Kräuteröl für die äußerliche Anwendung

Johanniskrautöl: Ein erprobtes Hausmittel bei Ohrenschmerzen. Einige Tropfen auf einen Wattebausch geben. Das Öl lindert zudem bei Sonnenbrand (nicht vorbeugend!). Es ist ideal für die Fußpflege, für die Babypflege und als Massageöl.

1 Frische Johanniskrautblüten und -knospen in eine Flasche oder in ein Glas füllen. Mit einer Kelle leicht pressen.

2 Den Inhalt mit Sonnenblumen- oder Olivenöl gut bedecken. Die Flasche schließen.

3 Das Öl 3 Wochen an der Sonne stehen lassen. Etwa alle 3 Tage gut schütteln.

4 Das Öl filtrieren und abfüllen. Die Flasche beschriften (Ölsorte und Datum).

Fünf-Kräuter-Öl

Das Öl lindert Rheuma, Arthrose und Muskelschmerzen.

1 Zu gleichen Teilen Lavendelblüten, Thymian, Rosmarin, Salbei und Johanniskraut (Blüten und Knospen) locker in ein Glas schichten.

2 Den Inhalt mit Sonnenblumen- oder Olivenöl gut bedecken. Die Flasche schließen.

3 Das Öl 3 Wochen an der Sonne stehen lassen. Etwa alle 3 Tage gut schütteln.

4 Das Öl filtrieren und abfüllen. Die Flasche beschriften (Ölsorte und Datum).

TIP

Wenn man einen Eßlöffel Alkohol oder 1–2 Tropfen Grapefruitextrakt je 100 ml/1 dl Öl dazugibt, wird das Öl weniger rasch ranzig.

Frischlagerung: Vorräte überwintern

Geeignete Lagerorte für das »Einkellern« von frischem Obst und frischem Gemüse sind der Keller, der Dachboden/Estrich, eine Erdgrube, ein Lichtschacht, die Garage oder ein Balkon.

Ein Keller, in dem Holzkisten mit Äpfeln, Birnen, Kohl und anderem lagerfähigem Erntegut lagern, ist eine Augenweide. Jede Hausfrau wird es zu schätzen wissen, wenn sie nicht für jedes Kartoffelgericht, jedes Gemüsegericht oder für ein Apfelmus zu den Dampfnudeln einkaufen gehen muß. Wer diesen Vorteil schon erlebt hat, wird mit großer Wahrscheinlichkeit im Spätherbst nicht mehr darauf verzichten wollen, Lagervorräte von Gemüse, Nüssen, Getreide und Obst anzulegen. Der Zeitaufwand für das Einlagern ist gemessen am täglichen Gang in den Laden sehr klein. Und es macht Freude, rotbackige Äpfel und aromatische Möhren in die Lagerkisten zu schichten.

Nicht zu Unrecht denkt man beim Anblick eines reich gefüllten Vorratskellers spontan an gesunde Kost. In der Tat: Obst und Gemüse atmen auch nach der Ernte weiter, sie sind einem ständigen Stoffwechsel unterworfen und bleiben »lebendig«. Dieser Gasaustausch verlangsamt sich lediglich bei niedrigen Temperaturen. Dies gilt auch für das Getreide, das allerdings im Gegensatz zu frischem Obst und Gemüse trocken gelagert werden muß.

Wichtig: Nur gesundes, ungewaschenes Erntegut einlagern, dieses regelmäßig kontrollieren!

Keller

Lagermaterial

- Holzkisten und Holzgestelle sind im Gartenfachhandel, in Holzhobby-Märkten, in Do-it-yourself-Läden usw. erhältlich.

- Holztruhen mit Deckel eignen sich ebenfalls für die Lagerhaltung. In einem Schuppen/Schopf ist es von Vorteil, wenn das Lagergut gedeckt ist.

- Lebensmittelfreundliche Plastikbeutel wie »wi-fris« sind in zu trockenen und zu warmen Kellern für Wurzelgemüse und Obst unerläßlich. Nicht geeignet sind sie für Kartoffeln, da diese sehr rasch keimen. Diese Beutel sind sehr fein perforiert: Der Gasaustausch kann stattfinden, ohne daß das Lagergut austrocknet. Bei Kondenswasserbildung sind die Beutel für kurze Zeit zu öffnen, damit der Inhalt nicht naß wird. Das Kleinklima im perforierten Plastikbeutel läßt sich durch Zugabe von »Perlit« verbessern. Dieses Material gleicht Temperatur und Feuchtigkeit aus. Das kleinkörnige Perlit (vulkanisch) ist u.a. in Gärtnereien erhältlich. Keinesfalls Styroporkügelchen verwenden!

Kellertemperatur

Ideal ist eine Temperatur zwischen 4 und 8 Grad. Erfahrungsberichte zeigen, daß bei Verwendung von perforierten Plastiksäcken und Perlit oder bei regelmäßigem Besprühen mit Wasser das Gemüse und Obst auch in zu warmen Norm-Kellern befriedigend gelagert werden kann. Ausprobieren und beobachten lohnt sich.

Luftfeuchtigkeit

Sinkt die Luftfeuchtigkeit im Lagerraum (mit Hygrometer messen) unter 80%, das Lagergut regelmäßig mit Wasser fein besprühen (mindestens 1 Mal wöchentlich). Zerstäuber verwenden. Es hat sich auch bewährt, das Obst und das Gemüse mit feuchten (nicht tropfnaßen) Jutesäcken zu bedecken. Dies ist vor allem in Beton-Normkellern von Vorteil. In einem Keller mit Naturboden wird dies kaum notwendig sein.

Lüftung

Im Keller bei warmem oder zu kaltem Wetter das Fenster (ein kleines Klappfenster genügt) schließen – das Öffnen nicht vergessen!

Einlagern

Nur gesundes, unbeschädigtes Erntegut einlagern. Es muß trocken sein. Blätter und Kraut sind auf ½ cm zurückzuschneiden. Lagergut nicht waschen!

- Wurzelgemüse (Möhren/Karotten, rote Beten/Randen, Knollensellerie), Äpfel und Birnen können auf Holzgestellen und in Holzkisten offen gelagert werden. Oder man füllt sie in perforierte Plastiksäcke. Je nach Lagerort Perlit beigeben. Perlit kann immer wieder verwendet werden.
- Kartoffeln auf Holzgestellen oder in Holzkisten offen lagern.
- Kopfkohl/-kabis in den Sand (wegen Fäulnisgefahr nicht gänzlich) eingraben oder in ein Holzregal stellen. Die Köpfe dürfen sich nicht berühren!
- Lauch zu ⅔ in den Sand stellen.
- Möhren/Karotten, Schwarzwurzeln und rote Beten/Randen können auch in einem knapp feuchten Sand-Erde-Gemisch lagenweise direkt auf den Boden oder in Holzkisten geschichtet werden.
- Pastinaken müssen in einer feuchten Umgebung gelagert werden, weil sie andernfalls an Knackigkeit verlieren würden.

TIP

Wer die Möglichkeit hat, die Äpfel und Kartoffeln an getrennten Orten zu lagern, sollte dies tun: die Äpfel »atmen« Stoffe aus, welche die Keimung der Kartoffeln anregen!

Erdgrube

Standort: Geschützter Ort wie Schuppen/Schopf, Vordach unter einem Balkon oder Erker usw.

Grube: Sie sollte gut überblickbar sein und gedeckt werden können. Breite 70 bis 90 cm, Länge rund 2 m, Tiefe 60 bis 100 cm.

Ausstattung A: Wände und Boden der Grube mit Backsteinen auskleiden. Auf der Grubenöffnung eine Tür befestigen (rascher Zugriff!). Beim Planen Türgröße berücksichtigen! Die Backsteingrube kann bei einem Neubau von Anfang an eingeplant werden.

Ausstattung B: Direkt auf die Erde ein sehr feines Maschengitter legen, mit Walnuß-/Nußbaumblättern bedecken (Mäuseschutz). Die Grube mit Brettern oder Plane bedecken. Zum Isolieren bei sehr niedrigen Temperaturen eignen sich bei beiden Varianten Zeitungsbündel, Decken, Stroh, Mineralfasermatten; diese z. B. direkt auf der Türe anbringen.

Grube einfüllen

Was sich für die Erdgrube eignet:

- Möhren/Karotten, Schwarzwurzeln, rote Beten/Randen und Pastinaken in ein trockenes Sand-Erde-Gemisch oder in trockene Gartenerde stellen.
- Kohl/Kabis in den Sand stellen. Die einzelnen Köpfe dürfen sich nicht berühren!
- Lauch zu ⅔ in ein Sand-Erde-Gemisch stellen.

Außentemperatur: Sinkt die Temperatur unter minus 10 Grad, muß die Grube oder das Lagergut zusätzlich mit Decken, Stroh, Zeitungen usw. gedeckt werden.

Isolierkiste

Standort: Auf einem Balkon, in einem Unterstand, im Lichtschacht, im Schuppen/Schopf oder in einer Garage ist Platz für eine große Holzkiste (u.a. alte Truhe) oder Styroporboxen, in denen Vorräte gelagert werden können. Der Lichtschacht ist so zu schützen, daß es keinenfalls hineinregnen kann!

Styroporboxe: An beiden Stirnseiten am oberen Rand eine Kerbe ausschneiden, damit die Luft zirkulieren kann.

Holzkiste: Im Gartenfachhandel sind große Kisten mit schrägem Holzdeckel erhältlich. Die Boxe kann auch selber gezimmert werden.

Boxe/Kiste einfüllen

● Möhren/Karotten, Schwarzwurzeln, rote Beten/Randen und Pastinaken lagenweise mit einem trockenen Sand-Erde-Gemisch oder trockener Gartenerde decken.

● Kohl/Kabis in den Sand stellen. Nicht ganz eingraben, weil die Köpfe rasch faulen können.

● Lauch zu ⅔ in den Sand stellen.

● Äpfel, Birnen und Kartoffeln sorgfältig einfüllen. Es lohnt sich, für Obst und Kartoffeln einen separaten Behälter zu verwenden oder in der Kiste mit einem Holzbrett eine klare Abtrennung zu machen.
Äpfel »atmen« Stoffe aus, welche die Keimung der Kartoffeln anregen!
Temperatur: Sinkt die Temperatur unter minus 10 Grad, muß die Boxe mit Decken, Zeitungsbündeln usw. eingepackt werden.

Estrich/Dachboden

Verschiedene Lebensmittel müssen trocken gelagert werden:

- Getreide, Mehl
- Zwiebeln
- Nüsse
- getrocknete Pilze
- Dörrobst und Dörrgemüse

Beim Lagern von Getreide ist zu beachten, daß auf einem Dachboden im Sommer hohe Temperaturen erreicht werden. Diese sind dem Getreide und den Nüssen nicht zuträglich. Also nur so viel Vorrat anlegen, daß das Getreide vor der großen Hitze aufgebraucht werden kann!

Notwendige Gefäße

- Kartontonnen mit Deckel, erhältlich im Bioladen oder in Mühlen und landwirtschaftlichen Genossenschaften.
- Truhe mit Deckel
- Papiersäcke für Getreide und Mehl
- Stoff- und Papiersäcke (aufhängen) für das Dörrobst und das Dörrgemüse
- Holz- oder Kartonkistchen für die Nüsse
- Zwiebelzöpfe an einem dunklen, luftigen Ort aufhängen. Die Zwiebeln sind frostempfindlich und müssen bei minus 5 Grad an einem wärmeren Ort aufgehängt werden.

Die Vorteile der Frischlagerung (Einkellerung)

- preiswert
- kleiner Arbeitsaufwand
- Haltbarkeit: 3 bis 8 Monate für Obst und Gemüse (siehe Tabelle), mehrere Jahre für Getreide
- energieunabhängig
- Vorräte jederzeit verfügbar
- das Nachreifen ist gewährleistet

Einige Tips und Ratschläge

- Antikeimpuder (Wachstumsstop-Hormone!) ist bei Kartoffeln und Zwiebeln überflüssig. Leicht auskeimende Kartoffeln können ohne Bedenken noch gegessen werden (schälen). Kartoffeln nicht dem Frost aussetzen.

Die Lagerung

- **Lagerkontrolle**: Das Lagergut regelmäßig kontrollieren, angefaulte Ware entfernen und raschmöglichst verwerten! – Plastiksäcke sind für die Lagerung von Gemüse, Obst, Nüssen und Getreide nicht zu empfehlen, weil kein Gasaustausch stattfinden kann. Bei schlechter oder fehlender Belüftung bildet sich Kondenswasser, das zu Fäulnis führen kann. Die lebensmittelfreundlichen perforierten Plastiksäcke, mit Zugabe von Perlit, sind gut geeignet.

- **Schädlingsbefall**: Vorbeugend Wacholder-, Rosmarin- oder Lavendelzweige zum Getreide, Mehl, Dörrobst usw. legen. Das Lagergut ab und zu bewegen. Wärme fördert den Schädlingsbefall: im Sommer und im Winter kühl lagern!

Gemüse überwintern

	Lagerdauer	Saison	Hinweise
Bodenkohlrabi	7 Monate	November – Dezember	möglichst lange im Garten stehen lassen
Chinakohl	4 Monate	bis November	möglichst lange im Garten stehen lassen
Grünkohl/ Federkohl			im Garten stehen lassen, nach dem ersten Frost ernten
Herbstrüben	3 Monate	September – Oktober	milchsauer einlegen ist geeigneter
Kartoffeln	4 – 8 Monate	Oktober – November	unbedingt frostfrei lagern
Kopfkohl (Wirsing/Wirz, Weißkohl/-Kabis)	5 Monate	Oktober – November	möglichst lange im Garten stehen lassen
Kürbis	4 Monate	September – Oktober	Anschnitt nicht decken, trocknet von selbst
Lauch	5 Monate	November – Dezember	kann im Garten stehen bis März
Meerrettich	8 Monate	Oktober	kann im Garten stehen bis März
Möhren/ Karotten	8 Monate	Oktober	Kraut knapp über dem Ansatz entfernen
Pastinaken	8 Monate	Oktober – November	kann im Garten stehen bis März
Petersilien-wurzel	8 Monate	Oktober – November	kann im Garten stehen bis März
Pfälzer-Rüben	8 Monate	Oktober	möglichst lange im Garten stehen lassen
Rosenkohl			im Garten stehen lassen, nach dem ersten Frost ernten
Rote Bete/ Rande	8 Monate	Oktober	möglichst lange im Garten stehen lassen
Rotkohl/-kabis	5 Monate	Oktober – November	möglichst lange im Garten stehen lassen

	Lagerdauer	Saison	Hinweise
Schwarzwurzeln	6 Monate	Oktober–November	kann im Garten stehen bis März
Sellerie, Knollen-	8 Monate	September	möglichst lange im Garten stehen lassen
Topinambur	5 Monate	Oktober–November	kann im Garten stehen bis März
Zuckerhut	2 Monate	November–Januar	möglichst lange im Garten stehen lassen
Zwiebeln	7 Monate	August–Mai	an einem luftigen Ort lagern (Dachboden/Estrich)

Obst überwintern

	Lagerdauer	Saison	Hinweise
Äpfel	4–6 Monate	Oktober	Glockenäpfel und Maigold können ca. 8 Monate gelagert werden
Birnen	2–4 Monate	September	

Trockenprodukte überwintern

	Lagerdauer	Saison	Hinweise
Nüsse	6 Monate	September–Oktober	der Saisonbeginn richtet sich nach der Nußart
Getreide	mehrere Jahre		
Vollkornmehl	4–6 Wochen		
Dörrobst/ Dörrgemüse	6 Monate		gegen Dörrobstmotten Kräuterzweige dazulegen (Wacholder, Rosmarin)
Pilze	18 Monate	August–September	

Tiefkühlen

Es gibt eine Reihe von Lebensmitteln, die im »Tiefkühler« gut aufgehoben sind, ja nur dort über längere Zeit gelagert werden können. Dazu zählen Fische, die häufig schon tiefgefroren gekauft werden, Fleisch, Würste usw.

Tiefkühlen ist für viele Lebensmittel eine gute und einfache Konservierungsart. Dies darf aber nicht über den großen Energieverbrauch der Tiefkühlgeräte hinwegtäuschen. Jedermann soll verantwortungsbewußt entscheiden, ob er überhaupt und in welchem Umfang Lebensmittel tiefgefrieren will.

Auch Tiefgekühltes – das wissen viele nicht – kann nicht unbeschränkt gelagert werden. Die Lebensmittel verderben zwar nicht, sie trocknen aber aus, werden spröde, verlieren kontinuierlich an Geschmack und Farbe. Dies ist vor allem bei eigenen Tiefkühlprodukten der Fall. In der Nahrungsmittelindustrie sorgen Zusatzstoffe dafür, daß das Tiefgefrorene auch nach dem Auftauen »taufrisch« aussieht.

Geräte

- Der Tiefkühlschrank ist in der Anschaffung teurer als eine Truhe. Dafür ist er im Betrieb (Stromverbrauch) günstiger und im Handling einfacher. Man hat einen raschen Zugriff zum Tiefkühlgut. Entsprechend kurz wird die Türe geöffnet. Der Verlust kalter Luft ist klein.

- Eine Gemeinschafts-Tiefkühlanlage (Landw. Genossenschaften, Molkereigenossenschaften, Gemeinden) ist am kostengünstigsten. Der Energieverbauch ist im Vergleich zum eigenen Tiefkühlgerät klein, sofern die Anlage gut belegt ist. Nachteile: Keine Schockgefriermöglichkeit, kein direkter Zugriff zur Tiefkühlware.

Verpackungen

- Der Polyäthylenbeutel ist zum Tiefgefrieren ideal, weil er reißfest ist und sich ausdehnt. Gut stapelbar.
- Polyäthylendose mit Deckel: mehrmals verwendbar, gut stapelbar.
- Die Pergamentdose ist eine Einwegdose.
- **Alubehälter:** Nicht zu empfehlen wegen des Energieverschleißes bei der Herstellung und Entsorgung.

Vorbereiten

Gesunde, reife Früchte nehmen. Die Früchte und Beeren waschen (Ausnahme: Himbeeren und Brombeeren). Aprikosen und Zwetschgen halbieren und entsteinen. Kirschen mit oder ohne Stein gefrieren. Werden Steinfrüchte für Früchtekuchen eingefroren, lohnt sich das Schockgefrieren: Früchte auf dem Blech auslegen, bei tiefstmöglicher Temperatur (bis minus 45 Grad) einige Stunden »schocken«, danach in Beutel oder Dosen füllen und bei minus 18 Grad lagern.

Das Gemüse waschen, putzen und zerkleinern. Blumengemüse in Röschen teilen. Das Gemüse im sprudelnden Wasser 2 bis 3 Minuten ohne Salz blanchieren. In einem Abtropfsieb unter kaltem Wasser abschrecken.

Kräuter unter fließendem Wasser reinigen. Trocknen lassen. Blätter ablesen. Nach Möglichkeit ganz lassen (so bleiben die Aromastoffe am besten erhalten). In Beutel oder Dosen füllen. Wenn man die Kräuter lose gefriert, kann jederzeit die gewünschte Menge entnommen werden.

In Öl eingelegte Kräuter am besten in kleinen Portionen tiefgefrieren, z. B. im Eiswürfelbehälter.

TIP

- Das Einmachgut so portionieren (Beutel, Dosen), daß die Menge für eine Mahlzeit reicht. Keine Resten »programmieren«.
- Beutel so flach wie nur möglich einfüllen; kleinere Gefrierzeit, taut rascher auf, bessere Platznutzung. Luft gut hinausstreichen. Beutel gut verschließen. Nicht zu viele Einheiten aufs Mal (Betriebsanleitung lesen) in den Tiefkühler geben. Beutel dabei flach auslegen, nicht stapeln. Je nach Menge und Gerätetyp oder wenn Schockgefrierung gewählt wird, Temperatur entsprechend senken. Nicht vergessen: später wieder zurückschalten.

Fleisch, Fisch und Geflügel halten sich qualitativ am besten, wenn sie in kleine Portionen verpackt schockgefroren werden. Je nach Gewicht dauert dies bei minus 45 Grad einige Stunden. Danach bei minus 18 Grad lagern.

Halbfabrikate (Teig), kleine Brotvorräte und selbstgemachte Kekse/Kleingebäck lassen sich gut tiefgefrieren.

Lagerung

Lagertemperatur: minus 18 Grad (mit Thermometer kontrollieren!)

Lagerdauer

- Fleisch 6 bis 8 Monate. Mageres Fleisch kann länger gelagert werden.
- Wurstwaren 3 bis 5 Monate
- Fisch 4 bis 6 Monate
- Gemüse 6 Monate
- Obst/Beeren 6 bis 8 Monate

Wichtig: Nach Stromunterbruch sind tiefgekühlte Nahrungsmittel zu kontrollieren. Angetaute Tiefkühlprodukte sofort verwerten.

ZU BEACHTEN

Beim Gefrierprozeß werden die Zellwände des Lebensmittels zerstört. Deshalb tritt beim Auftauen je nach Wassergehalt des Nahrungsmittels mehr oder weniger Flüssigkeit aus.

TIP

Will man das Tiefkühlgut rasch auftauen, legt man es in dichten Beuteln oder Dosen für 10 bis 15 Minuten in kaltes Wasser (keinesfalls heißes Wasser).

Tiefkühlprodukte auftauen

- Obst für Kuchen angefroren auf den Teigboden legen.

- Gemüse gefroren in die Pfanne geben. Garzeit überwachen. Gefrorenes Gemüse hat eine kürzere Garzeit als Frischprodukte.

- A-la-minute-Fleisch noch leicht angefroren auf den heißen Grill legen. Würste halbwegs aufgetaut auf den heißen Grill legen. Sie bekommen eine schöne Kruste und trocknen nicht aus. Große Fleischstücke (Braten) über Nacht im Kühlschrank auftauen lassen.

- Kräuter gefroren hacken und sofort verwenden.

Wichtig: Tiefkühlgut zum Auftauen nie auf eine Wärmequelle wie Heizung oder Ofen legen! Aufzutauende Lebensmittel in eine Schüssel legen, damit austretender Saft aufgefangen werden kann.

Kräuterbutter

200 g weiche Butter

je 1 Sträußchen Basilikum, Petersilie, Schnittlauch

1 unbehandelte Zitrone, abgeriebene Schale

1 TL Zitronensaft

2 durchgepreßte Knoblauchzehen

Meersalz

Pfeffer aus der Mühle

Jedes der nachfolgend aufgeführten Kräuter eignet sich für Kräuterbutter (ideale Restenverwertung): Basilikum, Estragon, Kerbel, Liebstöckel, Petersilie, Verveine/Zitronenstrauch. Die Kräuterbutter portionsweise tiefgefrieren (im Kühlschrank 2 Wochen lagerfähig).

1. Die Kräuter fein schneiden, mit den übrigen Zutaten gut mischen. Mit Salz und Pfeffer würzen.

2. Die weiche Butter zu einer Rolle formen und in Scheiben schneiden. Oder die Butter in einen Spritzbeutel füllen und mit großer Sterntülle Rosetten auf ein Backpapier spritzen, lose einfrieren und nachher in verschlossenen Behältern im Tiefkühler lagern.

Die geeignetste Einmachart

Nicht jede Konservierungsart ist für jedes Gemüse oder jede Frucht gleich gut geeignet. Nicht etwa, daß das Nahrungsmittel ungenießbar würde, vielmehr leidet sein Geschmack oder sein Aussehen oder es weicht nach der Konservierung bezüglich Beschaffenheit stark vom Ausgangsprodukt ab. Die beiden Tabellen sollen so etwas wie eine Hitliste sein. An erster Stelle steht die geeigneste Konservierungsart, gefolgt von der zweitbesten, drittbesten...

Als Orientierungshilfe sind die Angaben zur Saison zu verstehen. Wer keinen oder nur einen kleinen Garten hat, kann sich aufgrund dieser Übersicht für die Vorratshaltung mit einem Gemüse- oder Obstbauern absprechen. Gerade in ländlichen Gegenden sind die Bauern froh, wenn sie während der Erntespitze größere Mengen aufs Mal abgeben können.

Übersicht Gemüse

	Haltbarmachung	Saison/Erntezeit
Auberginen	Saison/D	August – Oktober
Blumenkohl	MS/ES/T	Frühsommer/Spätherbst
Bodenkohlrabi/ Speisekohlrübe	Garten/E/MS	September – November
Bohnen, grüne	D/MS/ES/ST/T	Juli – September
Brokkoli	MS/T	August – September
Chinakohl	E	Oktober – November
Einlegegurken	ES/ST	Juli – Oktober
Erbsen, grüne	Saison/T/D/ST	Juni – Juli
Fenchel	Saison/ST	Juli – Oktober
Gemüsepaprika/Peperoni	ES/D/T	Juli – Oktober
Gemüsesaft	ST	
Grünkohl/Federkohl	Saison	November – März
Herbstrüben/Rüben	E/MS	September – Oktober

Übersicht Gemüse

	Haltbarmachung	Saison/Erntezeit
Kapuzinerkresse (falsche Kapern)	ES	Juli – August
Kartoffeln	E	Juni – September
Kohl/Kabis, rot	Garten/E/MS/ST	Juli – Oktober
Kohl/Kabis, weiß	E/MS	September – Oktober
Kürbis	E/SS	September – November
Lauch	Garten/E/D	September – März
Mangold, Stiel-/Krautstiele	Saison/ST	Juli – September
Möhren/Karotten	E/MS	Juli – Oktober
Pastinaken	Garten/E/MS	
Perlzwiebelchen	E/ES/MS/Dachboden	Juli – Oktober
Petersilienwurzel	Garten/E	August – Oktober
Pfefferschoten/Peperoncini	D	August – Oktober
Pilze	D/ST/ES/T	Frühling/Herbst
Rettich	Saison/E/MS	Juni – Oktober
Rosenkohl	Saison/T	Oktober – März
Rote Beten/Randen	Garten/E/ES/MS/ST	September – Oktober
Schwarzwurzeln	Garten/E	Oktober – April
Sellerie, Knollen-	Garten/E/MS/ES	Oktober – November
Spargel	Saison/ST/T	April – Juni
Spinat	Saison/T	Mai – Juni
Tomaten	Saison/KP/ST/D	Juli – Oktober
Topinambur	Garten/E/ST	Oktober – März
Zucchini	Saison/D/ST/SS	Juli – Oktober
Zuckermais	ST/S/T	August – September
Zwiebeln	Dachboden/Estrich	Juli – August

D = Trocknen–Dörren
E = Einlagern (Keller, Kiste usw.)
ES = Essigsauer
KP = Kompott
MS = Milchsauer
SS = Süßsauer
ST = Sterilisieren
T = Tiefkühlen

Übersicht Obst/Beeren/Blüten

	Haltbarmachung	Saison/Erntezeit
Äpfel	E/KP/S/D/ST	August – November
Aprikosen	K/KP/ST/D/T	Juli – August
Birnen	E/KP/D/SS/S/ST	August – September
Brombeeren	K/KP/G/ST/S/T	August – Oktober
Erdbeeren	K/KP/ST/S/T	Juni – Juli
Hagebutte	K/KP/D	September – November
Heidelbeeren	K/KP/S/ST/T	Juli – September
Himbeeren	K/KP/G/ST/S/T	Juni – August
Holunderbeeren	G/S/K/KP/Chutney/ST	August – September
Holunderblüten	S/D	Mai – Juli
Johannisbeeren	K/G/S/KP/ST/T/Chutney	Juli – August
Jostabeeren	K/KP/G/S/ST/T	Juli – August
Kirschen	KP/ST/K/D/S/T	Juli – August
Melonen	SS/KP/K/ST	August – September
Mirabellen	K/KP/ST/T/D	August – September
Pfirsiche	KP/ST/K/D	Juli – September
Pflaumen	K/KP/ST	August – September
Preiselbeeren	K/KP/Chutney/ST	August – Oktober
Quitten	S/G/K/SS/KP	Oktober – November
Rhabarber	kalt einfüllen/Chutney	April – Mai
Rosenblüten	Sirup	Juni – Juli
Sanddorn	S/G/Sirup/K/KP/Chutney	Juli – Oktober
Schwarze Johannisbeeren	S/G/K/KP/ST/T	Juli – August
Stachelbeeren	K/KP/G/S/ST/T/Chutney	Juli – August
Trauben	G/S/D	September – November
Zwetschgen	K/KP/ST/D/SS/T	August – Oktober

D = Trocknen–Dörren
E = Einlagern (Keller, Kiste usw.)
G = Gelee
K = Konfitüre
KP = Kompott (heißeingefüllt)
ST = Sterilisieren
SS = Süßsauer
T = Tiefkühlen

Industriell konservieren

Bei der industriellen Konservierung werden den Rohprodukten gewisse Stoffe zugefügt. Sie dienen dem besseren Aussehen, der Aroma- und Geschmacksverbesserung. Sie beeinflussen Konsistenz, stabilisieren und verlängern die Haltbarkeit. Diese Zusatzstoffe werden auf Verpackungen, Büchsen, Flaschen usw. entweder unter der chemischen Bezeichnung oder als E-Nummer deklariert. Die Stoffe werden in mengenmäßiger Reihenfolge aufgeführt, d. h. der Stoff an erster Stelle hat auch quantitativ den höheren Anteil als die folgenden. Zusatzstoffe dürfen nicht mit Chemikalien verwechselt werden, die auf andere Art in unsere Nahrungsmittel gelangen, z. B. Psychopharmaka in der Massentierhaltung, Rückstände von Pflanzenschutzmitteln in Gemüse und in Früchten.

Wie sich die chemischen Konservierungsstoffe im einzelnen auf den menschlichen Organismus auswirken, darüber sind sich auch die Fachleute nicht einig. Die einen weisen auf die geringen Konzentrationen hin und betonen deren Ungefährlichkeit, andere machen die Konservierungsmittel für die stark zunehmenden Allergien und Stoffwechselkrankheiten u. a. m. verantwortlich. Diese unterschiedliche Beurteilung erschwert es dem Konsumenten zu entscheiden, ob nun ein Nahrungsmittel gesund oder gar gesundheitsschädigend ist. Ratsam ist, sich mit den Inhaltsangaben auf den Verpackungen auseinanderzusetzen, um zu erfahren, was hinter welchem Stoff oder welcher Nummer steht. Das wird in vielen Fällen genügen, um zu entscheiden, ob ein Produkt »in« oder »out« ist.

In den folgenden Abschnitten werden die am häufigsten eingesetzten Konservierungsmittel und das Bestrahlen von Nahrungsmitteln kurz behandelt. Auf eine umfassende Darstellung wurde bewußt verzichtet, weil eine Kontrolle der noch tolerierbaren Tageshöchstmengen kaum möglich ist: Die Mengenangaben fehlen auf den Packungen. Zudem variieren die tolerierten Höchstmengen je nach Land und sind oft auch nicht identisch mit den Angaben der Weltgesundheitsorganisation WHO! Wie die verschiedenen Stoffe einzeln oder in Kombination wirken, ist auch nicht bekannt.

Wenn man bei gesundheitlichen Störungen die Ernährung als Übeltäter vermutet, kann dies relativ problemlos festgestellt werden. Man verzichtet auf industriell hergestellte Nahrungsmittel (Halb- und Fertigfabrikate) und gibt biologischen Frischprodukten den Vorzug. Verbessert sich der Gesundheitszustand – dies kann Wochen, wenn nicht Monate dauern –, wird man auch in Zukunft gerne bei den naturbelassenen Lebensmitteln bleiben.

Ameisensäure

Die Ameisensäure ist in sehr vielen Nahrungsmitteln zu finden. Sie übt je nach Konzentration eine mehr oder weniger starke Reizwirkung auf den menschlichen Organismus (Ameisenbiß!) aus.

Ameisensäure wandelt sich in einem sauren Milieu wie im Fruchtsaft in Salz um und reizt den Organismus nicht mehr so stark.

Antioxidantien

Mit Hilfe von Antioxidantien wird die Verbindung mit Sauerstoff und daraus resultierende Reaktionen verhindert. Die Stoffe sind häufig in Fettprodukten und fetthaltigen Produkten enthalten. Die Gruppe der Antioxidantien soll vor allem Allergiker belasten.

Benzoesäure (Natriumsalz, Natriumbenzoat)

Die Nahrungsmittel enthalten Benzoesäure in geringer Konzentration. Der menschliche Organismus wandelt die Säure in der Leber um und scheidet sie unverwertet wieder aus. Als bedenklich wird die Verbindung von Benzoesäure und Natriumsulfit in geschwefelten Nahrungsmitteln bezeichnet. Wie diese Verbindung genau wirkt, weiß man noch nicht. Vermutet wird, daß Benzoesäure das Enzymsystem des Menschen blockieren kann. Das Natriumsulfit könnte diese Wirkung noch verstärken.

Benzoesäure findet sich in Backwaren, Konfitüren/Marmeladen, Sirup, kohlensäurehaltigen Getränken, Mayonnaise, würzigen Saucen und Fruchtsaft.

Diphenyl und o-Phenylphenol

Schalen von Zitrusfrüchten und Bananen dürfen behandelt werden, damit sie nicht schimmeln. Bei der Orange wird das Hüllpapier mit Diphenyl behandelt. Das Mittel dringt zum Teil in geringen Mengen auch ins Fruchtfleisch ein. Beim Schälen bleiben die Giftstoffe an den Händen haften und gelangen auf diesem Wege in den menschlichen Organismus. Diphenyl, Thiabendazol und die anderen Stoffe dieser Gruppe gelten als krebserregend! Bei Verwendung von o-Phenylphenol werden die Früchte in eine 0,5 bis 2prozentige Lösung getaucht. Es ist bezeichnend, daß in den USA Verkäuferinnen bei einem Großverteiler die behandelten Früchte nur mit Plastikhandschuhen in die Gestelle füllen dürfen, um dem Hautkrebs vorzubeugen!

Rat: Nach dem Schälen von Bananen und Zitrusfrüchten sofort die Hände waschen! Nur biologische Früchte verwenden, wenn die Schalen zum Aromatisieren (abgeriebene Zitronen- und Orangenschalen, Zesten) von Speisen verwendet werden.

Milchsäuregärung

Im Kapitel »Milchsäuregärung« ist diese gesunde, bekömmliche Konservierungsart beschrieben. Wer das Sauerkraut beim Metzger oder im Supermarkt kauft (Ausnahme: offenes biologisches Sauerkraut = unsterilisiert), erhält jedoch kaum ein »lebendiges« Nahrungsmittel. Sauerkraut und andere gesäuerte Gemüsearten (rote Bete/Rande u. a. m.) werden beim industriellen Verfahren immer sterilisiert. Dadurch wird der permanente Prozeß der Milchsäuregärung gestoppt. Das Einmachen von milchsaurem Gemüse lohnt sich! Zudem werden industriell gesäuertem Gemüse oft noch chemische Zusätze beigegeben, damit es länger haltbar ist.

Propionsäure

Propionsäure wird allgemein als eher unschädlich bezeichnet. Sie wird im menschlichen Organismus wie eine Fettsäure vollständig abgebaut. Backwaren, Weißmehl und Fertigsaucen enthalten häufig Propionsäure.

Räuchern

Zu Großmutters Zeiten hingen Fleisch und Wurst wochenlang im Rauch. Bei den modernen Räuchermethoden ist dafür keine Zeit mehr. In die Lücke springt ein sogenanntes Rauchkondensat, ein Mittel, das schon bei der Herstellung dem zu verarbeitenden Fleisch beigemischt wird. Häufig kommt noch Benzpyren dazu. Hatte man früher durch das Trocknen eine Einbuße bei den Vitaminen und Mineralsalzen, ist neu die Belastung durch chemische Zusätze hinzugekommen.

Salzen und Pökeln

Salzen und Pökeln sind altbewährte Konservierungsmethoden. Das heißt aber noch lange nicht, daß sie aus gesundheitlicher Sicht unbedenklich sind. Der Verlust an Inhaltsstoffen ist groß. Früher war man bereit, einen Farbverlust in Kauf zu nehmen, heute injiziert man Natriumnitrat und Natriumnitrit, um die Farbe zu erhalten. Die Salzlake wird mit Nitritpökelsalz hergestellt. Fachverständige mahnen, daß die zugelassenen Mengen zu hoch sind. Man geht davon aus, daß zu hohe Dosen zu degenerativen Veränderungen der Blutgefäße und Zellen führen. Nitrit soll auch die Erbsubstanz verändern (Quelle: WHO).

Schwefeldioxid (Sulfite, Natriumsulfit u. a. m.)

Mit Schwefeldioxid werden unzählige Nahrungsmittel geschwefelt. Die Erkenntnis, daß beim Abbau von Schwefeldioxid im menschlichen Organismus Vitamin B_1 zerstört wird, wovon wir ohnehin nicht viel aufnehmen, und das zentrale periphere Nervensystem belastet wird, hat zu keinem Umdenken in der Nahrungsmittelindustrie geführt. Die WHO hat den täglichen maximalen Konsum bei 50 mg schwefliger Säure festgesetzt. Eine Flasche Wein kann bis zu 400 mg/Liter enthalten. Allergiker reagieren extrem heftig auf geschwefelte Nahrung. Geschwefelt werden Rosinen, Sultaninen, Trockenobst, Kompott, Kartoffelhalbfabrikate (Kartoffelstock/Kartoffelpuffer, Pommes frites, Pommes chips usw.), Wein, Fruchtsaft.

Sorbinsäure

Sorbinsäure verhindert die Bildung von Schimmel, Bakterien und Hefe. Die Säure wird vielen Nahrungsmitteln beigefügt und wird allgemein als eher unschädlich taxiert. Sorbinsäure wird im menschlichen Organismus wie eine Fettsäure abgebaut. Ganz sicher ist man jedoch nicht, ob Sorbinsäure nicht doch die Zellatmung des Menschen beeinflußt. Die Säure wird häufig für Mayonnaise, Margarine, Brot, Käse, Salatsaucen, Marinaden (für Fleisch und Fisch) sowie für Fruchtsaft verwendet.

PHB-Ester (Para-Hydroxybenzoesäureester)

Die WHO hat die tägliche Höchstmenge auf 7 mg pro Kilogramm Körpergewicht festgesetzt. Die üblichen Konzentrationen liegen bei 0,04 bis 0,2 mg. Was PHB-Ester auslösen kann, wird nur vermutet. In Tierversuchen wurde eine Wachstumsverlangsamung festgestellt. PHB-Ester wird für Fischprodukte, Fruchtsäfte, Backwaren, Sirup, Konfitüren/Marmeladen, Oliven und Sauergemüse verwendet.

Bestrahlen

Das Bestrahlen von Nahrungsmitteln ist in Deutschland, Österreich und der Schweiz noch nicht erlaubt. Allerdings können einzelne Produkte von Fertiggerichten (Kräuter u. a. m.) aus Ländern stammen, wo die Bestrahlung erlaubt ist. Die Produkte müssen nicht als bestrahlt deklariert werden. In vielen EU-Ländern (Spanien, Dänemark, Frankreich, Niederlande u. a. m.) ist das Bestrahlen gewisser Nahrungsmittel erlaubt. In Schweden wurden bereits 1916 Erdbeeren bestrahlt. 1921 wurde in den USA das erste Patent angemeldet. Das Bestrahlen hat wie alle anderen Konservierungsverfahren zum Ziel, ein Frischprodukt möglichst lange haltbar zu machen. Das Bestreben, die Lagerdauer immer wieder zu verlängern, ruft nach entsprechenden Maßnahmen. Bei Geflügel z. B. können die Salmonellen durch Bestrahlen abgetötet werden. Ebenso verhindert dieses Verfahren das Auskeimen von Kartoffeln, Getreide, Zwiebeln und Knoblauch. Butter und Fett werden nicht ranzig. Bestrahlte Kräuter sind viel länger haltbar. Beim Bestrahlen wird mehrheitlich mit ionisierenden Strahlen (Röntgen-, Elektronen- oder Gammastrahlen) gearbeitet. Benutzt wird häufig Cobalt-60, welches in Atomreaktoren produziert werden kann. In speziellen, z. T. sehr kostspieligen Anlagen werden die Produkte mit Dosen zwischen 1 Kilogray (1 Gray = 100 rad) bis zu $^{1}/_{100}$ Kilogray bestrahlt. Die Dosis von 10 Kilogray soll unbedenklich sein. Demgegenüber steht die Zahl von 6 Gray, die beim Menschen zum Tod führt. In den Nahrungsmitteln soll also ein Mehrfaches unbedenklich sein! Belegt ist, daß radioaktive Strahlen Atome ionisieren oder Moleküle spalten können, was in lebenden Zellen und im Gewebe zu großen Veränderungen führen kann, ja sogar zur Zerstörung. Der Schädigungsgrad hängt von der Dosis ab und vom Zustand der Zelle. Bekannt ist auch, daß die Zellen durch die Strahleneinwirkung zu unkontrolliertem Wachstum, zu Krebs angeregt werden können.

Sachverständige betonen, daß bestrahlte Nahrungsmittel nicht radioaktiv werden und somit bedenkenlos gegessen werden können. Als weitaus gefährlicher werden die chemischen Reaktionen des veränderten Frischproduktes eingestuft. Darüber weiß man noch wenig. Man geht davon aus, daß sich Wasserstoffperoxid, Glyoxal, Kohlenwasserstoffe und andere chemische Substanzen bilden können, die als bedenklich einzustufen sind. Beim Bestrahlen kommt es auch zu optischen Veränderungen: Die Erdbeeren verfärben sich braun, die Sauerkirschen werden gelb, beim Fleisch wird je nach Dosis aus dem Rot ein Graubraun bis Grün! Dazu kommt der große Vitaminverlust. Inwieweit bestrahlte Nahrung krebsfördernd ist, kann noch nicht abschließend gesagt werden. Da drängt sich die Frage auf: Weshalb soll die Haltbarkeit von Lebensmitteln immer länger werden und zu welchem Preis?

Blattsalat mit gefüllten Rote-Bete-Rosetten

300–400 g Blattsalat: Feldsalat/Nüßlisalat, Brunnenkresse, krause und glatte Endivie, Lattich, Blattsalat

3 mittlere gekochte Rote Beten

200 g/2 dl süße Sahne/Rahm

50 g Meerrettich

Kräutermeersalz

Pfeffer aus der Mühle

Sauce

2 EL Apfelessig

Kräutermeersalz

Pfeffer aus der Mühle

Sojasauce

5–6 EL Olivenöl extra nativ

Aus dem Vorrat: Rote Beten

1 Rote Beten schälen. Die Knollen am besten mit der Aufschnittmaschine in sehr dünne Scheiben schneiden; sie lassen sich nur zu Rosetten formen, wenn sie hauchdünn geschnitten sind.

2 Den Meerrettich mit der Bircher-Rohkostreibe direkt zur geschlagenen süßen Sahne reiben. Würzen.

3 Den Blattsalat gefällig auf den Tellern anrichten. Mit der Sauce beträufeln. Die Rote-Beten-Scheiben zu Rosetten formen, in den Salat setzen. Mit dem Meerrettichschaum füllen.

Tomaten-Gersten-Linsen-Eintopf

Aus dem Vorrat: Gerste, Tomaten, Kräuter, Zwiebeln

1 Sämtliche Zutaten aufkochen, 15 Minuten auf kleinem Feuer köcheln lassen. Den Eintopf auf der ausgeschalteten Wärmequelle zugedeckt zirka 2 Stunden oder einen Vormittag quellen lassen.

2 Den Eintopf kurz vor dem Servieren erwärmen und würzen. Mit Reibkäse servieren. Gut dazu paßt ein Saisonsalat.

½ Tasse Gerste

½ Tasse braune Linsen

1 Glas (ca. 850 g) Tomaten, sterilisiert, oder heißeingefüllt

Kräuter, getrocknet oder frisch

½ Zwiebel, fein gehackt

Saure Rotkohlsuppe mit Bohnen

Aus dem Vorrat: Milchsaurer Rotkohl/-kabis

1 Die Bohnen über Nacht in kaltem Wasser einweichen. Das Einweichwasser weggießen. Die Bohnen mit frischem Wasser aufsetzen, aufkochen und auf kleinem Feuer nicht zu weich kochen. Abgießen.

2 Den Rotkohl in der Butter andünsten. Den Kümmel dazugeben. Mit der Gemüsebrühe aufgießen, etwa 20 Minuten köcheln lassen. Die Bohnen beigeben. Weitere 10 Minuten köcheln lassen. Wenn die Suppe zu dick ist, wenig Gemüsebrühe angießen. Mit Pfeffer abschmecken.

1 Handvoll Borlottibohnen

10 g Butter

150 g milchsaurer Rotkohl/-kabis

wenig Kümmel

1 l Gemüsebrühe

Pfeffer aus der Mühle

Sauerkrautrösti

400 g Kartoffeln
1 Möhre/Karotte
250 g Sauerkraut
Meersalz
Pfeffer aus der Mühle
Butterschmalz/ Bratbutter

Aus dem Vorrat: Sauerkraut, Kartoffeln, Möhren/Karotten

1 Die Kartoffeln und die Möhre schälen und mit dem Gemüsehobel raspeln.

2 Das Gemüse und das Sauerkraut mischen. Mit Salz und Pfeffer würzen.

3 Die Sauerkrautrösti in einer nicht klebenden Pfanne in reichlich Butterschmalz auf mittlerem Feuer langsam beidseitig braten, als kleine Küchlein oder als großer Kuchen.

Sauerkraut-Getreide-Salat

½ Tasse Haferkörner
1 Tasse Wasser
Gemüsebrühepulver
250 g Sauerkraut
150 g Käse, z. B. Greyerzer, Appenzeller, klein gewürfelt
1 Apfel samt Schale, entkernt und klein gewürfelt
2–3 EL kaltgepreßtes Sonnenblumenöl

Aus dem Vorrat: Sauerkraut, Haferkörner

1 Den Hafer und das Wasser aufkochen, auf kleinem Feuer 10 Minuten köcheln lassen. Das Getreide auf der ausgeschalteten Wärmequelle zugedeckt 1 Stunde quellen lassen. Mit dem Gemüsebrühepulver würzen.

2 Sämtliche Zutaten mischen. Kurze Zeit ziehen lassen.

TIP

Anstelle des Hafers kann auch Roggen, Dinkel oder Weizen verwendet werden. Am besten legt man diese Körner über Nacht in Wasser ein und verwendet das Einweichwasser zum Kochen. Verhältnis Körner/Wasser 1:2.

Fenchel auf Blattsalat

Aus dem Vorrat: Fenchel, Möhren/Karotten

1 Den Fenchel in ein Sieb gießen, die Flüssigkeit auffangen.

2 Die Möhre schälen und mit dem Sparschäler Streifen abziehen. Nach Belieben ausstechen oder als Streifen belassen.

3 Den Blattsalat gefällig auf Tellern anrichten. Den Fenchel in die Mitte geben. Mit der gut verquirlten Sauce beträufeln. Bei sterilisiertem Fenchel ersetzt man die Einmachflüssigkeit durch 3 bis 4 Eßlöffel Apfelessig.

1 Glas (1 l) Fenchel, sterilisiert oder milchsauer

1 Möhre/Karotte

4 Portionen Blattsalat der Saison, z. B. Löwenzahn, Cicorino verde, Endivie, Brunnenkresse usw.

1 Möhre/Karotte für die Garnitur

Sauce

5 EL Einmachflüssigkeit

Kräutermeersalz

Pfeffer aus der Mühle

wenig Senf

100 ml/1 dl Olivenöl extra nativ

Dörrzwetschgen in Rotwein

500 g Dörrzwetschgen
1 l kräftiger Rotwein
½ unbehandelte Zitrone
250 g Vollrohrzucker
½ Zimtstange
1 Nelke
1 Lorbeerblatt

Aus dem Vorrat: Dörrzwetschgen

1. Die Zwetschgen über Nacht im Rotwein einlegen.
2. Die Schale der Zitrone mit dem Sparschäler dünn abschälen, in Streifchen schneiden.
3. Sämtliche Zutaten aufkochen, 2 bis 3 Minuten köcheln lassen. Die Gewürze entfernen.

Dinkelsalat

350 g Dinkelkörner
7 dl/700 ml Wasser
gemischtes Essiggemüse oder milchsaures Gemüse
süßsaurer Kürbis

Sauce

3 EL süße Sahne/Rahm
3 EL Vollmilchquark
2 EL Einmachsaft des Kürbis
1–2 EL Essig
getrocknete Kräuter

Aus dem Vorrat: Dinkelkörner, Essiggemüse, süßsaurer Kürbis, Kräuter

1. Die Dinkelkörner über Nacht im Wasser einlegen. Mit dem Einweichwasser aufkochen, 5 Minuten sprudelnd kochen. Das Getreide auf der ausgeschalteten Wärmequelle zugedeckt 3 bis 4 Stunden quellen lassen.
2. Den Dinkel mit der Sauce und dem eingelegten Gemüse mischen.

Gemüsemousse auf Vollkornbrot

Aus dem Vorrat: Kürbis oder anderes Lagergemüse

1 Den Kürbis klein würfeln, im Dampf weichkochen. Im Mixer pürieren.

2 Das Agar-Agar-Pulver mit wenig Wasser anrühren.

3 Kürbispüree und Agar-Agar-Flüssigkeit aufkochen, 2 bis 3 Minuten köcheln lassen. Die süße Sahne untermischen. Pikant würzen. Die Mousse einige Stunden festwerden lassen.

4 Anrichten: Einen Eßlöffel in heißes Wasser tauchen. Von der Mousse Klöße abstechen. Auf den Brotscheiben anrichten. Brunoise darüberstreuen.

Kürbismousse

500 g Kürbis, geschält und entkernt

250 g/2,5 dl süße Sahne/Rahm

8 g Agar-Agar-Pulver

Meersalz

Pfeffer aus der Mühle

Sojasauce

Vollkornbrotscheiben

Kürbiswürfelchen (Brunoise) für die Garnitur

VARIANTE

Die Gemüsemousse läßt sich auch mit anderem Lagergemüse und während der Saison selbstverständlich mit Frischprodukten zubereiten: Möhren/Karotten, Knollensellerie, rote Beten/Randen, Blumenkohl, Gemüsepaprika/Peperoni.

Sauerkrautkuchen

für ein Kuchenblech von 26 cm Durchmesser

400 g Vollkornteig oder -blätterteig
50 g Speckwürfelchen, nach Belieben
300 g Sauerkraut
150 g Käse, z. B. Greyerzer, Appenzeller usw., klein gewürfelt

Guß
2 Freilandeier
100 ml/1 dl Milch
200 g/2 dl süße Sahne/Rahm
Meersalz, Kümmel

Aus dem Vorrat: Sauerkraut

1 Die Speckwürfelchen ohne Fett braten, mit dem Sauerkraut und dem Käse mischen.

2 Die Zutaten für den Guß verquirlen. Gut würzen. Mit dem Sauerkraut vermengen.

3 Den Teig auf Blechgröße ausrollen und in die eingefettete Form legen. Die Sauerkrautfüllung auf den Teigboden verteilen.

4 Den Sauerkrautkuchen im vorgeheizten Ofen bei 220 Grad 30 bis 40 Minuten backen.

Sauerkrautcremesuppe

½ Zwiebel, fein gehackt
2 EL Butter
200 g Sauerkraut
150 g Kartoffeln, klein gewürfelt
50 g Speck am Stück, nach Belieben
1 Lorbeerblatt
1 Nelke
100 ml/1 dl Weißwein
½ l Gemüsebrühe
100 g/1 dl süße Sahne/Rahm
Meersalz, Pfeffer
1 Zweig Dill

Aus dem Vorrat: Sauerkraut, Kartoffeln

1 Die gehackten Zwiebeln in der Butter andünsten. Sauerkraut, Kartoffeln und eventuell Speck beigeben und mitdünsten. Das Lorbeerblatt und die Nelke beigeben. Mit dem Wein und der Gemüsebrühe angießen. Köcheln lassen, bis die Kartoffeln sehr weich sind. Das Lorbeerblatt und die Nelke sowie den Speck entfernen. Die Suppe pürieren.

2 Die Suppe mit der süßen Sahne aufkochen. Eventuell mit Gemüsebrühe verdünnen. Mit Salz und Pfeffer abschmecken. Mit dem Dill garnieren.

Szegediner Gulasch

Aus dem Vorrat: getrocknete Pfefferschoten/Peperoncini, getrocknete Tomaten, Sauerkraut, Zwiebeln, Kartoffeln

1 Das Rinderfleisch im Öl anbraten. Zwiebeln, Pfefferschoten und Tomaten beigeben und mitbraten. Mit dem Paprikapulver bestäuben und der Gemüsebrühe angießen. 45 Minuten köcheln lassen. Das Sauerkraut beigeben. Weitere 15 Minuten köcheln lassen. Die saure Sahne kurz vor dem Servieren untermischen.

2 Die Kartoffeln im Dampf weichkochen. Auf dem Sauerkraut anrichten.

250 g Rinderfleisch von der Schulter, gewürfelt

1 EL Olivenöl

200–400 g Zwiebeln, in Scheiben

1–2 getrocknete rote Pfefferschoten/ Peperoncini ohne Kerne

einige getrocknete Tomaten

3–4 EL Paprikapulver

100 ml/1 dl Gemüsebrühe

400 g Sauerkraut

2 EL saure Sahne/ Sauerrahm

400 g kleine Kartoffeln

Früchtebrot

200 g gemischtes Dörrobst (Äpfel, Birnen, Aprikosen, Zwetschgen)

2–3 EL Honig

250 g Vollmilchjoghurt

200 ml/2 dl Wasser

½ Hefewürfel

500 g Vollkornmehl

100 g Walnüsse/Baumnüsse, grob gehackt

1 ½ KL Meersalz

Aus dem Vorrat: Dinkel, Dörrobst, Nüsse

1 Die Dörrfrüchte klein schneiden.

2 Honig, Joghurt, Wasser und Hefe miteinander mischen. Die Dörrfrüchte dazugeben und 1 Stunde quellen lassen.

3 Das Mehl und die grob gehackten Nüsse sowie das Salz zu den Früchten geben. Den Teig mit einem Holzlöffel bearbeiten, bis er weich und elastisch ist. In eine Schüssel legen und mit einem feuchten Tuch bedecken. An einem warmen Ort auf das doppelte Volumen aufgehen lassen. Nochmals kneten.

4 Eine große oder zwei kleine Kastenformen einfetten. Den Teig einfüllen.

5 Das Früchtebrot im vorgeheizten Ofen bei 200 Grad 40 bis 50 Minuten backen. Aus der Form nehmen und auskühlen lassen.

Schneller Blechkuchen

Aus dem Vorrat: Beeren, Nüsse, Weizenkörner

1 Sämtliche Zutaten, ohne die Früchte, gut verrühren. Die Früchte unterrühren.

2 Ein eingefettetes Backblech mit Mehl bestäuben. Den Teig im Blech gleichmäßig ausstreichen.

3 Den Blechkuchen im vorgeheizten Ofen bei 200 Grad 30 bis 40 Minuten backen. Den Kuchen in Quadrate schneiden.

TIP

Je nach Jahreszeit können auch frische Beeren verwendet werden. Der Teig kann auch mit Früchten belegt werden, z. B. mit geschälten, entkernten Apfelhälften, Zwetschgen- oder Aprikosenhälften als Ersatz für die Beeren.

1 Glas (1 Liter) heißeingefüllte oder sterilisierte Beeren, z. B. Johannisbeeren, Brombeeren, Jostabeeren, Stachelbeeren, evtl. entsteinte Kirschen

½ Tasse Vollrohrzucker

½ Tasse geriebene Nüsse

2 Tassen Weizenvollkornmehl, fein gemahlen

1 Beutel phosphatfreies Backpulver

2 Freilandeier

½ Tasse neutrales kaltgepreßtes Öl

½ Tasse Fruchtsaft (von den Beeren) oder Milch

Dörrobstkuchen

für 1 Kuchenblech von 25 cm Durchmesser

400 g Vollkornkuchenteig oder -blätterteig

400 g Dörrobst (Birnen, Zwetschgen, Aprikosen)

1 Freilandei, verquirlt

1 Becher saure Sahne/Sauerrahm

1 TL Zimtpulver

1 TL Birnenbrotgewürz

150 g geriebene Nüsse (Walnüsse/Baumnüsse, Haselnüsse)

Aus dem Vorrat: Dörrobst, Nüsse

1 Das Dörrobst am Vorabend mit Wasser bedeckt aufkochen, über Nacht zugedeckt stehen lassen.

2 Das Dörrobst durch den Fleischwolf drehen oder nicht zu fein pürieren. Mit den restlichen Zutaten mischen.

3 Den Teig auf Kuchenblechgröße ausrollen. In die eingefettete Form legen. Die Dörrobstmasse auf den Teigboden verteilen.

4 Den Kuchen im vorgeheizten Ofen bei 220 Grad 30 bis 40 Minuten backen.

Aprikosencreme

1 Glas (1 Liter) Aprikosen samt Saft

1 Becher saure Sahne/Sauerrahm oder süße Sahne/Rahm

Aus dem Vorrat: Aprikosen

1 Die Aprikosen pürieren.

2 Die saure Sahne oder die steifgeschlagene süße Sahne unter das Püree ziehen.

Abbildung nebenan.

Register

A

Agar-Agar-Pulver 14
Apfel 18, 23, 26, 35, 36, 51, 73, 74
Apfelmus 39
Aprikose 14, 35, 36, 74, 124
Arthroseöl 89

B

Basilikumpaste 86
Beruhigungstee 70
Birne 23, 35, 36, 40, 51, 73, 74
Birnendicksaft 11
Blumenkohl 45, 60
Bohne, grüne 63
Brombeere 14, 16, 23, 35

C

Chutney 26
Cornichon 45, 47, 62

D

Dachboden 96
Dampfentsafter 13
Darren 81
Dörren 67
Dörrgeräte 68
Dörrobst 76, 122, 124
Dörrobstsauce 77

E

Eberesche 54
Entsaften 23
Erdbeere 17, 23, 35
Erdgrube 94
Erfrischungstee 70
Essig, Himbeer- 54
Essig, Wildbeer- 54
Essigsauer einmachen 45
Estrich 96

F

Fenchel 33, 117
Flaschen 12
Frischlagerung 91
Fruchtsaft 23
Früchte trocknen 73
Fußbad 71

G

Gefäße 57
Gelee 25, 96
Gelfix 14
Geliermittel 14
Gemüse trocknen 72
Gemüsepaprika 26, 33, 41, 45, 48, 50, 51, 52
Getreide 81, 115, 116, 118, 122, 123
Gewürzkräuter 68
Gewürzöl 87
Gläser 12, 31, 57
Grapefruit 19
Gurgelwasser 70
Gurke 50

H

Heidelbeere 35
Heißeinfüllen 11
Himbeere 14, 23, 35, 54
Holunderbeere 18, 23
Honig 11
Hustentee 70

I

Isolierkiste 95

J

Johannisbeere 16, 23, 35
Jostabeere 23, 35

K

Karamelbirnen 40
Karotte siehe Möhre
Kartoffeln 116, 120, 121
Keller, Lagerung im 92
Kreislauftee 70
Kirsche 23, 35, 74
Knollensellerie 45, 58, 60
Kohlrabi 45
Kompott, Beeren- 22
Kompott, Obst- 20
Konfitüre 13
Konfitüre – Grundrezept 15
Kräuter 85
Kräuterbutter 104
Kräuteröl für äußerliche Anwendung 88
Kräutersalz 69, 87
Kristallzucker 11
Künstliche Süßmittel 14
Kürbis 16, 45, 47, 50, 118, 119

M

Magentee 70
Melone 14, 35, 36
Milchsäuregärung 57
Mirabelle 35
Möhre 45, 58, 60, 116, 117

N

Nüsse 122, 123, 124
Nüsse trocknen 73

O

Öl, einlegen in 85
Orange 16, 19

P

Peperoni siehe Gemüsepaprika
Pfirsich 35, 36, 74
Pflaume 14, 35
Pilz 33, 71, 86
Preiselbeere 18

Q

Quitte 14, 23

R

Rande siehe rote Bete
Ratatouille 41
Rettich 58
Rhabarber 17
Rheumaöl 89
Rote Bete 33, 45, 49, 62, 114
Rotkohl 33, 59, 115

S

Sanddorn 54
Sauerkraut 59, 65, 116, 120, 121
Schlaftee 70
Schlehe 54
Sirup, Blüten- 24
Sirup, Frucht- 24
Sirup, Kräuter- 24
Spargel 33
Stachelbeere 35
Sterilisierapparat 32, 37
Sterilisieren 31
Sterilisieren im Backofen 37
Sterilisieren im Kochtopf 37
Stielmangold 33
Süßsauer einmachen 45, 49

T

Teekräuter 68
Tiefkühlen 101
Tiefkühlprodukte auftauen 104
Tomate 26, 33, 34, 41, 115, 121
Tomatenkompott 25, 41
Topinambur 33
Trocknen 67

U

Unigel 14

W

Weißkohl 59

Z

Zitrone 17, 19
Zucchino 26, 33, 34, 41, 52
Zuckermais 33
Zuckermenge 14
Zwetschge 35, 74, 118